YS 세계를 보다

## YS 세계를 보다

초판 1쇄 인쇄 2023년 2월 10일
초판 1쇄 발행 2023년 2월 10일

| | |
|---|---|
| 저자 | 김영삼 |
| 편저 | 이동수 |

| | |
|---|---|
| 펴낸이 | 김동일 |
| 기획 | 김한샘 |
| 디자인 | 박은정 |
| 펴낸곳 | 미디어민 |
| 등록번호 | 제2023-000014호(2023년 1월 25일) |
| 주소 | 06802 서울특별시 서초구 청계산로9길 1-12, 605-205 |
| 전화 | (070)4414-6325 |
| 팩스 | (0504)286-3306 |
| 이메일 | lib_demo@naver.com |

값 18,000원

ISBN 979-11-981935-0-6 (03300)

# YS 세계를 보다

김영삼 지음·이동수 편저

미디어 민

추천사

# 우리는 어떻게 나아가야 할 것인가

— 이홍구 전 국무총리

김영삼 대통령께서 1964년에 출간한 세계여행기 『우리가 기댈 언덕은 없다』가 새로 쓰인다는 것은 우리 국민에게도 반가운 소식이다. 김 대통령을 모시고 부총리, 총리를 지낸 나도 이 책은 처음 읽었다. 그만큼 생소하지만 동시에 낯익은 기억으로서 이 책은 우리에게 다가온다.

그가 1964년 세계를 둘러본 것은 '왜 우리는 못 사는가'하는 풀리지 않는 의문에 대한 답을 구하기 위함이었다. 4개월간 세계 곳곳을 둘러본 청년 김영삼은 '우리는 어떻게 해야 잘 살 수 있을까'를 성찰했다. 북미와 유럽은 물론 아시아의 여느 국가들과 비교해도 우리는 너무 가난하다는 게 그의 소박한 인상이었다. 물론 겉핥기 여행에 겉핥기 관찰이었을지도 모른다. 그러나 그는 자신이 본 바를 조국에 알리고 보다 잘 살 수 있는 길을 다 같이 모색하자는 취지에서 이 책을 썼다. 그리고 그 결론은 "우리가 기댈 언덕은 없다."라는 것으로 귀결되었다. 이 세상에서 결국 우리 살길은 우리 스스로가 찾아야 함을 뼈저리게 느낀 것이다.

60년이 지난 지금 시점에서 읽게 된 『우리가 기댈 언덕은 없다』의 첫 인상은 강렬했다. 과거 그토록 싸우던 정치권들, 특히 동서남북과 좌우로 갈려 국론분열에 앞장선 이들은 기존의 인식을 바꿔야 한다는 걸 이미 60년 전의 김영삼이 강력하게 말하고 있었기 때문이다. 우리나라는 해방 이후 한국전쟁 등의 고초를 겪으며 국가의 지도자들이 한국의 상황과 처지에 대해 상반된 처방을 내세워왔다. 그래서 분열과 대결은 마치 한국 정치의 어쩔 수 없는 성격처럼 되어버렸다.

하지만 그런 와중에도 김영삼을 비롯한 우리나라의 대통령들은 한국이 처한 도전과 과제에 대한 위기 인식이나 처방을 공유했다. 그들은 빈곤 극복의 시급성, 민족적 정통성 확립의 중요성 등에 뜻을 모았다. 무엇보다 국민 분열을 예방하고 단합을 강조하는 등 기본적인 감각과 방향성을 나누어 가졌기에 오늘날 한국이 정치, 경제적으로 눈부신 발전을 할 수 있었다.

1964년 초판에서는 김영삼 대통령의 서울대 문리대 은사이셨던 박종홍 선생께서 추천사를 실어주신 걸 보았다. 박종홍 선생께서도 순후(純厚)한 가운데도 웅지(雄志)를 품은 그의 비범한 태도를 학창 시절에 역력히 보셨던 모양이다. 철학적 이상을 현실 정치로 구현할 사람이 바로 이 사람이라고 생각하여 큰 기대를 거셨던 것 같다. 박종홍 선생의 제자에 대한 판단은 정확했다. 홍안(紅顔)의 최연소자로 국회에 참여하기 시작한 그는 결과적으로 대한민국의 제14대 대통령에 취임, 한국 정치사의 중요한 전환기에 중심인물로 상당한 족적을 남기게 되었기 때문이다.

우리는 여전히 세계에서 가장 어려운 여건하에 있다. 분단은 여전하고 성장은 멈추었다. 하지만 희망이 없는 건 결코 아니다. 국민의 능력이 뛰어남도 그동안의 역사가 증명해왔다. 잿더미 위에서 라인강의 기적을 만들어낸 독일 사람처럼, 그리고 폐허 위에서 한강의 기적을 만들어낸 우리 자신처럼, 선진국으로 우뚝 발돋움한 대한민국을 위해 분발해야 함을 우리 젊은 세대에게 호소한다. 이들의 발걸음이 더 멋진 대한민국을 만들어낼 것임을 믿어 의심치 않는다.

추천사

## 지도자는 어떻게 만들어지는가

— 김부겸 전 국무총리

김영삼 대통령은 대한민국 현대사에서 가장 강력한 지도자 중 한 분이었습니다. 독재에 맞서 평생을 국민의 편에서 싸웠고, 문민 대통령이 추진한 변화와 개혁은 오늘날의 대한민국을 만드는데 귀중한 초석이 되었습니다.

흔히 김영삼 대통령을 '용기와 결단의 지도자'라고 합니다. 국회의원 제명, 무기한 단식, 직선제 개헌 투쟁, 하나회 청산, 금융실명제 전격 도입 등 역사의 고비마다 시대를 꿰뚫는 수많은 결단으로 국민의 마음을 얻고 역사의 진전을 이뤄냈습니다.

인간적으로 김영삼 대통령은 매우 품이 넓은 분이었습니다. 생전의 김영삼 대통령을 직접 접할 기회가 제법 있었는데, 직업이나 나이, 정파나 종교를 불문하고 만나는 사람마다 거부할 수 없는 인간적 이끌림을 주는 큰 지도자였습니다.

저는 나름 짧지 않은 기간을 민주화 운동과 정치인으로 살아오면서, 항상 어찌하면 한국 정치가 국민에게 신뢰받을 수 있을까 하는 화두를 안고 있었습니다. 국민이 바라는 좋은 지도자의 출현은 그만큼 중요한 과제입니다.

처음 출간된 지 약 60년 만에 세상에 다시 나오는 이 책은 '120일간의 세계여행기'라는 부제를 갖고 있었습니다. 1960년대의 세계는 오늘날과 같이 격변하는 시대였고, 조국의 정치도 혼란하기는 오늘에 비할 수 없었습니다. 이 여행을 통해 김영삼 의원은 당대 한국 정치인 중 보기 드문 국제적 식견을 갖게 되고, 민주주의에 대한 확고한 인식을 다집니다.

하지만 공직을 모두 마치고 초야에 묻힌 지금, 천천히 읽어나간 이 책은 '정보'를 담은 '여행기'라기보다 '리더십 원론'이라는 느낌으로 읽힙니다. 그의 리더십은 '타고난 것'이라는 세간의 평가가 무색하게, '지도자가 되고자 하는 그의 준비와 고뇌'가 물씬 느껴집니다.

장차 대한민국의 민주화를 이끈 대통령으로 성장할 청년 김영삼은 세계를 돌아본 뒤 책 첫 머리에 '이대로 후손에게 물려줄 수는 없다.'고 개탄합니다. "지도자는 책임지는 자"라는 책임 의식이 그의 출발점이었다는 말입니다.

여행기의 결론에서 그는 "한 사회가 번영하고 발전하려면 무엇보다 대립하면서도 단합할 줄 알아야 한다."고 일갈하고 있습니다. 이것이 그가 발견한 미국, 유럽 그리고 일본 부흥의 원동력이었다는 것입니다. 이러한 확신은 이후 그를 '큰 정치의 리더십'으로 이끕니다. 1970년 경선에서 쓰라린 역전패를 당한 현장에서 단상에 올라 "김대중씨의 승리는 나의 승리"라고 외침으로써 한국 민주주의 발전사의 역사적인 장면을 기록했었고, 2015년 세상을 떠나는 순간까지도 '통합과 화합'을 유지로 남 겼습니다. 오늘날 우리가 깊이 빠져 헤어 나오지 못하는 대결과 분열의 사회상을 생각할 때, 김영삼 대통령의 통합과 화합의 큰 정치 리더십을 다시 돌아보게 됩니다.

60년이 지난 오늘에도 '기댈 언덕'이 없는 냉엄한 현실은 변함이 없습니다. 지도자를 꿈꾸는 사람에게는 리더십을 배우는 학습서로, 우리는 왜 지도자가 없냐며 한탄하는 분들에게는 우리가 가졌던 큰 지도자를 돌아보는 기회로 이 책을 권합니다.

### 추천사

## 문민정부 30주년에 부쳐

— 김현철 김영삼대통령기념재단 이사장

저의 아버님이신 고(故) 김영삼 대통령의 청년 시절 저서를 새로운 모습으로 다시 출간하게 되어 대단히 기쁘게 생각합니다. 일전에 김영삼도서관에서 책 추천을 요청하기에 선뜻 『우리가 기댈 언덕은 없다』를 추천했는데, 그 후 한자가 섞인 세로쓰기 책이라 요즘 세대가 읽기 어렵다는 젊은 분들의 반응이 많이 있었습니다. 이번에 『YS 세계를 보다』라는 제목으로 재출간하게 되어 그 아쉬움을 일거에 덜어낼 수 있게 되어 매우 반갑습니다.

특별히 올해는 문민정부 출범 30주년을 맞이하는 해입니다. 1993년 2월 25일 김영삼 대통령이 취임했고, 32년 만의 정통성 있는 문민정부 출범에 거는 기대는 매우 컸습니다. 하나회 청산과 역사바로세우기, 금융실명제, 최초의 전면적인 지방자치제, 정보화와 세계화 등등. 문민정부 시절 이루어진 '변화와 개혁'은 명실공히 오늘날의 대한민국을 만든 든든한 기초가 되었습니다.

시간이 제법 흐른 뒤에야 과거에 일어난 일의 의미를 제대로 알게 되는 경우가 흔히 있습니다. 30년 전 김영삼 대통령이 추진했던 많은 개혁은 세간의 예측과 기대를 뛰어넘는 경우가 많았기에 언론에서는 '깜짝쇼'라거나 '누구누구의 건의'라거나 하는 깎아내림이나 억측이 많았습니다.

그런 점에서 이 책은 매우 중요한 역사적 사료가 됩니다.

1964년 대선을 앞두고 존슨 대통령은 사상 최초로 자신의 재산을 공개합니다. 현지에서 이를 목격한 김영삼 의원은 '대통령 재산공개'와 '깨끗한 정치'라는 굵직한 테마를 그의 일기장에 저장하였습니다. 패배자가 흔쾌히 승자의 손을 들어주고 결국 함께 승리하는 미국 민주주의 정치풍토를 마음에 담았기에, 1970년 신민당의 전당대회를 우리나라 민주주의 발전사에 기록될 명장면으로 만들 수 있었습니다. 유럽에서 '드골의 프랑스'와 '말없이 통일되어가는 독일'을 접한 김영삼 의원은 얼어붙은 냉전체제 하에서도 '국익'이라는 엄연한 흐름이 국가, 특히 지도자에게 부여하는 과제를 캐치해 냅니다.

35세의 나이에 이미 제1야당의 대변인이던 김영삼 의원은 이 여행을 통해 얻은 교훈에 기초해 자신의 리더십을 단련해 갑니다. 그로부터 30년 뒤 대한민국은 스스로를 오랫동안 훈련하고 준비해 온 지도자를 대통령으로 맞게 됩니다. 그 결과물이 문민정부의 변화와 개혁의 성과였던 것입니다.

유품을 정리하다 발견한 1964년 출간본의 사진들을 독자에게 소개하게 되어 기쁩니다. 청년 김영삼에 주목해 책을 새로 낸 청년 이동수 작가에게 감사를 표합니다. 문민정부 30년을 맞아 아버님께 좋은 선물이 되리라 생각합니다.

프롤로그

◆ 김영삼이 바라본 1960년대의 세계

이 책은 김영삼 전 대통령이 1964년 출간한 단행본 『우리가 기댈 언덕은 없다―120일간의 세계여행기』를 다시 펴낸 것이다. 1964년 6월, 민정당 대변인이었던 김영삼 의원은 미국 국무부의 초청으로 약 4개월간 미국을 비롯하여 유럽과 아시아의 여러 국가를 방문한 뒤 그곳에서 얻은 견문을 책으로 펴냈다. 당시 그는 3선 국회의원이었는데, 놀랍게도 나이는 만 서른다섯에 불과했다. 그래서인지 『우리가 기댈 언덕은 없다』에는 1인당 GDP가 106달러에 불과한, 세계의 변방에 머물고 있던 가난한 나라 대한민국의 청년 정치인이 품었던 선진국을 향한 부러움과 조국의 현실에 대한 안타까움, 그리고 개인적인 야망들이 복잡하게 뒤섞여 있었다. 때로는 분노처럼 느껴지기도 하는 그 감정은 산업화도 민주화도 이루지 못한 나라의 청년이라면 품을 수밖에 없는 애국심이기도 했다. 이

제 우리나라는 선진국의 일원이 되었지만 그 감정을 이해하는 건 어렵지 않다. 우리 사회가 여전히 그 시절을 기억하고 있기 때문이다. 이건 그만큼 대한민국이 빠르게 성장했다는 증거이기도 할 것이다.

 미 국무부가 김영삼 의원을 초청했던 당시 세계는 냉전의 한가운데 있었다. 그해 여름 통킹만 사건에서 촉발된 베트남 전쟁이 본격화했고 얼마 지나지 않아 중국이 핵실험에 성공하며 아시아에서 긴장이 더욱 고조되었다. 불과 11년 전 휴전 협정을 맺은 우리나라가 그 긴장의 최전선에 있었던 건 말할 필요도 없다. 김영삼 의원은 일본, 그리고 미국의 여러 도시를 비롯해 영국·프랑스·덴마크·서독·스위스·이탈리아·인도·태국·필리핀·홍콩·대만 등의 국가를 둘러보았는데, 한국의 청년 정치인에게 자유진영 곳곳을 소개한 미국의 의도도 그 연장선에 있을 거란 건 어렵지 않게 짐작할 수 있다. 다행히 그 열혈 청년은 세상을 제대로 직시했고, 객관적인 교훈을 도출했다. "우리가 기댈 언덕은 없다."고.

 1964년에 쓰여진 이 책이 오늘날 독자들의 눈높이에 맞기는 어려울 것이다. 아무나 해외에 나갈 수 없었던 시절, 가난한 나라의 청년이 바라본 진기한 광경은 이제 더 이상 새롭지도 놀랍지도 않다. 해외여행을 통해서든 인터넷을 통해서든 우리는 너무 많은 세계를 보았고, 너무 많은 걸 상식으로 알고 있다. 런던이나 파리를 방문하는 것도 대수롭지 않은 일이다.

 하지만 그럼에도 오늘날의 세계와 1960년대의 세계를 비교해보는 건 흥미로운 일이다. 예컨대 존 F. 케네디 대통령의 암살 이후 슬픔에 빠진 미국인들의 모습이나, 보수적 근엄함과 비틀스의 파격이 공존하는 런던 거리의 풍경을 통해 우리는 당시의 시대상을 엿볼 수 있다. 1964년 미국 대선을 앞두고 양당 전당대회에 참석한 김영삼 의원의 시선으로 미국 정치를 간접 경험하는 것도 재밌는 부분이다. 따라서 이 책은 국제 정치와 역사를 다루고 있지만 기본적으로는 여행견문록의 성격을 띤다. 그만큼 많은 독자께서 정치, 국제관계를 다룬 여느 책들보다는 가볍게 읽어주셨으면 좋겠다.

◆ 책의 편집과 해설

원작『우리가 기댈 언덕은 없다』는 1964년에 쓰인 책인 만큼 요즘 읽기에는 어려움이 많다. 세로쓰기에 한자가 많고, 표현이 낡은 경우도 제법 있기 때문이다. 그런 단어와 문장들은 편저 과정에서 요즘 시대에 맞게 다듬고 고쳤다. 문장 대부분을 윤문했다. 하지만 원저에 없던 사실을 추가한다든지 사건을 덧붙인다든지 하지는 않았다. 추가적인 설명이 필요한 부분은 괄호를 통해 보충했고, 요즘 정서에 다소 어긋나는 표현은 일부 순화했다. 다만 최대한 원문의 감정을 살리고자 했다.

윤문하는 과정에서 본문에 실린 데이터를 재차 확인하고 사건의 팩트를 체크했다. 통계 기준의 변경에 따라 수치가 달라진 건 요즘 기준에 맞췄다. 예컨대 일본의 경제 상황과 관련해서는 일본 경제기획청의『국민소득 백서』를 참조해서 원문의 수치를 일부 수정했다. 김영삼 의원은 순방 당시 현지 관계자에게 전해 들은 걸 책에 싣기도 했는데, 이 때문에 사실관계를 확인할 수 없는 경우도 많았다. 그런 내용은 김영삼 의원이 쓴 내용에 기초해 문장만 손보았다. 혹시나 오류가 발견된다면 그건 편저 과정에서 제대로 확인하지 못한 편저자의 몫이다.

『우리가 기댈 언덕은 없다』는 김영삼 의원이 순방한 국가 순서대로 구성되어 있다. 편저 역시 같은 구성을 따랐다. 미국·영국·프랑스·덴마크·서독·스위스·이탈리아·인도·태국·필리핀·홍콩·대만 그리고 일본의 순서로 진행되며 그 이후 김영삼 의원의 감상이 붙는다. 편저자 해설은 가장 마지막에 실었다. 아무래도 그가 가장 오래 체류한 미국의 내용이 가장 자세하게 실려있고 며칠 머물지 않은 스위스·이탈리아·태국·홍콩·대만 등의 나라에 대해서는 짧은 의견만 담겨 있는데, 그렇다고 인위적인 비율 조정을 하지는 않았다. 1960년대의 모습을 담은 단편이라고 생각해주시길 바란다.

전직 대통령의 책을 나의 언어로 다시 쓴다는 건 정말 영광스러운 일이다. 먼저 소중한 기회를 주신 김영삼 대통령 유족께 감사드린다. 1964년 출간된 책과 김영삼 대통령의 일기장, 사진과 필름 등 진귀한 자료를 제공해주신 덕분에 재출간 작업을 완성할 수 있었다. 또 출판에 도움을 주신 김동일, 김한샘, 김세진 님께도 무한한 감사를 드린다. 이분들과는 김영삼 전 대통령을 재조명했던 나의 첫 저서 『어른이 정치사』를 통해 인연을 맺게 되었는데, 이후 상도동에 있는 김영삼도서관 전시실(YS 아고라) 기획에도 참여하며 더욱 가까워질 수 있었다. 도서관에 방문할 때마다 늘 가족처럼 맞아주시고 응원해주시는 것에 대해서도 이 자리를 빌려 깊은 감사의 인사를 드린다. 이 책은 이분들과 함께 쓴 책이라는 점도 밝혀둔다.

청년 정치인 김영삼은 자유 진영의 여러 나라를 둘러본 뒤 "세계는 이제 이념의 시대를 지나 실리 제일주의의 시대로 접어들었다."고 말했다. 서독과 동독의 경쟁은 이미 경제력에서 판가름 났고, 공산 진영에서 교조주의를 지키려 하는 중국도 실리를 추구하기에 이르렀다고 말이다. 같은 시기 재선에 성공한 미국의 린든 존슨 대통령은 아시아의 연쇄적인 공산화를 우려한 탓에 베트남 전쟁에 본격적으로 개입하기 시작했다. 이후 미국은 약 10년 동안 엄청난 희생을 감수했고 막대한 군비를 쏟아부었다. 하지만 그들에게 되돌아온 건 세계적인 반전 여론과 텅 빈 재정, 그리고 브레튼우즈 체제의 붕괴뿐이었다.

급변하는 세계를 객관적으로 바라본다는 건 때로는 국가의 운명을 좌우할 만큼 중요한 일이다. 김성일의 잘못된 판단은 임진왜란이라는 참화를 불러일으켰고, 국제 정세에 대한 인조의 우둔함은 수많은 백성의 희생을 야기했다. 반면 일본의 이와쿠라 사절단은 약 1년 10개월 동안 미국과 유럽을 둘러보고 귀국한 뒤 사회 전 분야에서 개혁을 단행하며 극동의 역사를 바꾸었다.

이 책은 정치인 김영삼의 시선으로 쓰였기 때문에 책에 담긴 내용들이 객관적인 분석이라고 말하기는 어렵다. 개인적으로 동의하지 않는 부분도 있다. 하지만 반세기 전 세계에서 일어났던 사건들을 간접적으로 살펴보고, 당시 시대상을 이해하는 데에는 큰 의미가 있다고 생각한다. 독자 여러분들이 지금 이 세계를 객관적으로 바라보는 과정에 약간의 일조를 할 수 있다면 이 책은 제 역할을 다한 셈이다. 이 책을 만들고 구매하고 읽어주신 모든 분에게 감사드린다.

2023년 1월
편저자 이동수

# 우리가 기댈 언덕은 없다

● 120日間의 世界旅行記

金泳三著

### 1964년 판                                               추천사

저자는 우리 정계의 유니크한 존재다. 그가 대학 시절에 철학을 전공한 관계로 나는 그의 거취와 활동에 은근히 관심을 가져왔다. 순후한 가운데에 웅지를 품은 그의 비범한 태도는 학창 생활에 있어서도 역력히 엿볼 수 있었고 그만큼 철학적으로 터득한 이상을 정치적인 현실에 있어서 구현할 사람이 바로 이분이라고 생각되어 그에 대한 기대가 컸었기 때문이다. 홍안의 최연소자로 국회에 참여하기 시작할 때부터 발랄 청신한 생기를 느끼게 하였거니와 선이 굵직하면서도 정다운 그의 인품은 일종의 묘한 매력을 풍기고 있음이 사실이다. 거기에다 역대에 걸친 국회 생활의 쟁쟁한 경력은 이미 움직일 수 없는 관록을 지니게 되었다. 그가 '오늘의 세계와 그 속의 한국을 이해'하기 위하여 세계 각국을 두루 시찰하고 돌아와 이 책을 낸 것이다.

"보다 잘 살 수 있는 길을 다 같이 모색하는데 조금이라도 도움이 되기를 바라는 하나의 사명감에서 쓴 것"이라고 한다. 이 점에 있어서 철학도 정치도 하나로 통하는 것임을 확신하기에 나는 이 책을 받아들자 다른 일 제쳐 놓고 끝장까지 읽고야 말았다. 저자다운 착안점과 통찰이라고 느꼈다. 그리고 나로서는 모르던 새로운 것을 많이 배우기도 했다. "보고 느낀 일들을 그대로 조국에 알리"는데 성공한 것이다. "낙후와 타의의 역사에서 벗어나 자립, 자주와 번영의 내일을 위한 뜀틀을 하루속히 마련해야" 하겠다는데 그 누구라서 공명하지 않을 것이랴.

나는 이 책을 통하여 오늘의 세계를 움직이고 있는 정치가들의 수고에 좀 더 친근미를 느끼게 된 것 같다. 그러나 저자의 결론은 무엇인가? "경제 실력만이 공산주의를 이기는 최대 무기"라고 외친 저자는 다시금 그것을 알면서도 마음대로 안 되는 이유가 어디 있는가를 스스로 묻는다. "우리의 못 사는 이유는 결코 먼 곳에 있는 것이 아니고 우리들 국민 개개인의 마음속에 있다는데 귀착한다."고 하여 "대립하면서 단결할 줄 아는 사회 운영 방식의 확립"을 부르짖었다. "내가 무엇을 해야 할까를 생각하지 않고 남에게 무엇을 하라는 요구를 앞세우는 것이 우리나라 사람들, 특히 정치인들의 생태"라고 가장 아픈 점을 신랄하게 찌르기도 하였다.

독자는 누구나 그의 불편부당한 대국적인 깊은 통찰에 감복하지 않을 수 없을 것이다. 우리의 철학이 이제 활기를 띠는 듯하여 그저 고맙게 생각될 뿐이다.

"문제의식을 잊어버리고 패배 의식에 사로잡히거나 용기를 잃고 해야 할 일을 하지 못한다면 우리는 영영 오늘의 환경에서 벗어나지 못한다. 지금이라도 늦지 않다. 그러나 내일이면 늦다."

이 책을 읽으며 나는 여기저기에서 저자가 이역의 하늘 밑에 비장한 눈물을 지으며 조국의 앞날을 걱정하는 광경을 마치 눈앞에 보는 듯 그릴 수 있는 것 같았다. 우국, 애족의 정열이 전편의 밑바닥에 스며 흐르고 있는 것이다.

그리고 이 책의 표지와 삽화에 나타나 있는 저자의 정력에 찬 젊은 모습을 보며 나는 그것이 곧 이 겨레의 부풀어 오르는 힘을 상징하는 것 같아 혼자 흐뭇한 미소를 짓기도 하였다.

다시금 저자의 자중과 건투를 빌며, 이 책이 나온 지 불과 수일 동안에 다 매진되어 판을 거듭하게 되었거니와 누구나 읽어 그야말로 우리의 새로운 비약을 위한 뜀틀의 몫을 하는 데 도움이 되기를 바라마지 않는다.

1965년 1월 3일

박종홍(朴鍾鴻)

**1964년 판**

서문

# 이대로
# 후손에 물려줄 수야

　6·3사태로 조국은 또 한 번 커다란 시련을 겪었다. 3년간의 군사 통치가 끝나고 제3공화국의 민정이 탄생 된 지 겨우 반년 만에 다시 학생 데모의 악화로 계엄령이 선포되고 대의정치는 다시금 중단되는 비극이 연출되었다. 정치활동은 사실상 발을 묶이고 정치권력의 핵은 국회를 떠나가 버렸다.

　그러한 긴박하고 불투명한 정치 분위기가 무겁게 내리누르던 무렵, 그러니까 1964년 6월 15일, 나는 미 국무성의 초청으로 미국 시찰 여행에 떠났었다. 나의 여행은 6·3사태 훨씬 이전에 초청되고 준비된 것이었으나 정치적으로 다시금 대의정치가 중단되고 그 앞날을 헤아릴 수 없을 만큼 어려운 시기에 한 야당의 정치인으로서 현실 도피적 외국 여행을 떠나서 되겠느냐는 자책으로 주저하기도 했으나 차라리 이 기회에 넓은 세계를 둘러보고 견문과 지혜를 넓혀 새로이 조국에 봉사하는 길이 있지 않겠느냐는 생각에서 기어코 떠났던 것이다.

  6월 15일 하오 '정치의 광장'을 잃고 저마다 우수에 찬 얼굴들을 한 동료 국회의원들, 그리고 그 밖에 나를 아껴주는 많은 인사들의 따뜻한 환송을 받으면서 김포공항을 떠난 나는 그로부터 120일간 일본, 미국, 영국, 프랑스, 덴마크, 서독, 스위스, 이탈리아, 인도, 타일랜드, 필리핀, 홍콩, 대만, 다시 일본의 차례로 서울에서 베를린까지 동서로 연결하는 중요 우방들을 순방하면서 남들이 잘 살며 발전해 가는 모습을 볼 때마다 '왜 우리는 못 사는가?' 하며 안타까워 혼자 울기도 해보고 자책도 해보았다. (1964년 봄 한일회담 반대 시위가 격화되었다. 6월 3일 서울에서 1만여 명의 대학생 시위대가 경찰과 충돌하며 도심에 진출하자 박정희 정부는 서울 전역에 비상계엄을 선포했다. 필자는 계엄으로 국회가 마비된 상황을 정치의 광장을 잃어버렸다고 표현했다.)

  그러면서 '우리는 어떻게 해야 잘 살 수 있을까?'를 조용히 생각해볼 기회를 가졌었다. 먼 이국땅에서 조국을 바라볼 때면 흔히 감상적으로 기울어지기 쉽지만 한편으로는 보다 넓은 시야에서 보다 냉철한 심경으로 조국의 있는 그대로를 관찰하고 장래를 모색해 볼 시간을 가질 수 있었다고 볼 수 있다.

  짧은 시일에 너무 여러 곳을 다녔기에 사실 '겉핥기 여행에 겉핥기 관찰'이 됐을지 모른다. 그러나 정계의 한 모퉁이를 더럽히는 사람으로서 귀중한 시기에 자리를 비웠다는 책임감도 있고 해서 그동안 여행에서 보고 느낀 점을 혼자 머릿속에 담아 두고 있어서는 안 되겠다고 감히 붓을 들었다. 보고 느낀 일들을 그대로 조국에 알리고, 보다 잘 살 수 있는 길을 다 같이 모색하는 데 조금이라도 도움이 되기를 바라는 하나의 사명감에서 이 글을 쓰는 것이다.

내가 가본 나라들은 모두가 잘살고 있었다. 인도를 빼놓고는 모두가 우리보다 나은 생활을 하고 있었다. 이번 여행에 있어서 가장 집약적인 인상은 '미국은 세계에서 가장 잘 살며, 유럽은 미국에 비해 너무 가난하며, 일본은 유럽에 비해 너무 가난하며, 한국은 일본에 비해 너무 가난하다.'는 것이었다. 여기에 나의 결론은 '미국이 잘 살고 유럽이, 일본이 우리보다 잘 살아도 우리가 기댈 언덕은 없었다.'는 데로 귀착시킬 수밖에 없었다.

우리를 원조하고 있는 미국은 여전히 사상 최고의 번영을 누리고 있지만 언젠가는 우리에 대한 원조를 끊으려 하고 있고 그밖에 자유세계의 여러 나라들은 모두가 약삭빠른 실리에만 눈이 어두워 있다. 우리는 그 어느 누구에게도 기댈 생각을 말고 우리 스스로가 살길을 찾아야 되겠다는 것을 뼈저리게 느낀 것이다. 우리는 우리 스스로가 용기를 잃지 말고 이를 악물고 일어서서 경제력을 향상시키고 정치의 능력을 길러 공산주의에 이겨나가야 하겠다.

우리는 세계에서 가장 어려운 여건하에 있으며 세계에서 가장 약점을 많이 지니고 있는 것을 부인할 수 없다. 하지만 결코 희망이 없는 나라가 아니며, 능력이 없는 국민이 아니라는 것도 아울러 알았다. 다만 오늘의 시점이 안일하게 있을 때가 아니라는 문제의식을 잊어버리고 패배 의식에 사로잡히거나 용기를 잃고 해야 할 일을 하지 못한다면 우리는 영영 오늘의 환경에서 벗어나지 못한다는 것을 각성해야 한다. 아직은 절망이 아니다. 지금이라도 늦지 않다. 그러나 내일이면 늦다. 잿더미 위에서 라인강의 기적을 만들어낸 독일 사람을 보라! 그들은 아직도 남보다 적게 먹고, 남보다 나쁜 옷을 입고, 남보다 많이 일하고 있었다.

그들은 말한다. 라인강의 기적이 기적이 아니라고, 그들의 끈기 있는 노력과 줄기찬 의지의 당연한 결과라고…. 그들은 오늘의 번영을 이룩하고도 그들의 생활 태도는 변하지 않았다. 오늘의 우리에게 이러한 독일 사람들의 강렬한 의지와 행동하는 용기가 필요한 것이다.

'우리는 왜 못 사는가?'의 원인을 냉정히 반성하고 그 반성의 새로운 바탕 위에서 보다 잘 살 수 있는 조국의 건설에로 향한 굳은 결의와 행동이 그 어느 때보다 절실한 것이다.

"우리는 이 나라를 떠나 살 수 없으며, 이 나라는 우리만이 살다 죽을 땅이 아니다." 우리의 자손만대에 물려줄 땅이다.

세계에는 훌륭한 조상들의 훌륭한 문화와 훌륭한 전통을 이어받아 잘 사는 나라들이 많았다. 파리에서, 런던에서, 로마에서 그러한 위대한 조상들의 웅대한 문화와 장한 전통을 보고 나는 느낀 바가 많았다. 나는 파리의 루브르 박물관이나 베르사유 궁전 같은 위대한 문화의 유산을 볼 때나, 로마 제국이 남긴 웅장한 성곽들을 볼 때마다 우리 조상들은 무엇을 했는가 하고 자문하지 않을 수 없었다. 우리들도 신라의 불교문화의 유적이 있고 고려자기 같은 자랑거리가 있지만, 우리 조상들은 이를 이어받아 발전시키지 못했고, 우리의 문화를 세계에 자랑할 정도의 성과도 아직 이루지 못했다. 그러나 지금 와서 조상을 원망하고 싶은 생각은 없다. 다만 현재의 우리들이라도 자손만대에 무엇인가 남겨줘야 되겠다는 자각이 앞서는 것이다.

오늘날 이 땅에 생을 누리는 우리들마저 이대로 죽을 수는 없는 것이다. 유럽의 위대한 선조들만큼은 아니더라도, 적어도 오늘의 세계 최악이라 할 수 있는 빈곤의 역사를 그대로 넘겨줄 수는 없는 것이다. 이 빈

곤과 굴종의 역사를 이제는 더 우리의 '전통'으로 되풀이하지 않도록 분발해야 되겠다는 것을 우리 젊은 세대에 호소하는 것이다. 남과 같이 살 수 있는 나라를 만들어 자손에 물려주는 것이 오늘을 사는 우리의 지상의 사명인 것이다. 더욱이 급격하게 변전하는 국제 정세는 우리들로 하여금 촌각의 머뭇거림도 허용하지 않는다. 낙후와 의타의 역사에서 벗어나 자립, 자주와 번영에의 내일을 위한 '뜀틀'을 하루속히 마련해야 하는 사명이 우리들의 어깨에 다 같이 지워져 있다는 것을 깨달아야 할 것이다.

\*

여행에서 돌아오니 다행히 계엄령이 해제되고 국회의 기능은 형식상으로는 회복돼 있었다. 그러나 정치 풍토는 더욱 거칠어져 있었다. 언론 파동으로 인한 정계의 분열 경향은 더욱 심해진 느낌이었고 급격한 국제 정세의 변화로 인한 국민들의 불안과 초조는 한결 가중돼 있었다. 여기서 느낀 바 있어 이 책을 내기로 결심을 했다. 내가 이번 여행에서 보고 느낀 바를 그대로 오늘의 국민 앞에 보고함으로써 미약하나마 도움이 되겠다고 생각했기 때문이다. 일찍이 전문적 문필가들이 세계 여행기를 많이 발표한 바 있으므로 나는 평면적인 견문의 전달을 피하고 정치적인 각도에서 그때그때 적어 모은 것들을 종합 정리해서 발표하는 것이다. 보잘것없는 글이지만 독자들에게 '오늘의 세계와 그 속의 한국'을 이해하는 데 조금이라도 도움이 된다면 다행이겠다.

끝으로 나를 미국으로 초청해준 미 국무성에 감사드리며, 여행 중이나 그밖에 여러모로 친절을 베풀어준 여러 나라의 인사들의 호의에 대해 심심한 사의를 표해 마지않는다.

1964년 12월

김영삼

## 차례

- 추천사 1. 우리는 어떻게 나아가야 할 것인가 | 이홍구 전 국무총리 – 5
- 추천사 2. 지도자는 어떻게 만들어지는가 | 김부겸 전 국무총리 – 8
- 추천사 3. 문민정부 30주년에 부쳐 | 김현철 김영삼대통령기념재단 이사장 – 11
- 프롤로그 – 13
- 1964년 판 추천사 – 19
- 1964년 판 서문 이대로 후손에 물려줄 수야 – 22

## 미국 정치    31

- 대의 민주주의의 성지    33
- 미국의 정치 풍토    44
- 새로운 케네디의 시대    60
- 미국이 바라보는 한국    70

## 미국 사회    83

- 최대의 고민, 인종 갈등    85
- 테네시 유역의 기적    88
- 자동차의 도시 디트로이트    92
- 미국인들의 친절    96
- 소도 맥주를 마시는 동네 몬태나    100
- 인권보다 웅권이 잘 보장된 옐로스톤 국립공원    102
- 동전의 메커니즘    106
- UN이 검어졌다    108
- 미국 뒷이야기    110

## 유럽 115

- 대서양을 건너면서 117
- 윌슨에 정권 맡긴 영국 120
- 파리의 모습 134
- '위대한 프랑스'로 142
- 농업 천국 덴마크 153
- 말없이 통일되고 있는 독일 159
- 평화의 나라 스위스 171
- 관광 왕국 이탈리아 176

## 아시아 183

- 고민하는 인도 185
- 무기한 계엄국 태국 196
- 막사이사이 이전으로 후퇴한 필리핀 201
- 중국과 홍콩 206
- 경제 안정 이룬 대만 209
- 일본의 번영과 한국 212

## 대한민국의 내일을 위하여 219

- 1964년 판 표지의 말 - 236
- 에필로그 - 242

# 대의 민주주의의 성지

## ──── '초특별시' 워싱턴 D.C.

미국은 약 200년 전 영국의 식민 통치로부터 독립한 이래 꾸준히 민주주의를 발전시켜왔다. 그리고 그 민주주의 질서 위에서 오늘날과 같은 세계 최강의 번영을 이룩했다. 그 원동력은 무엇일까? 50개 주 1억 7천만 국민을 통치하고, 전 세계 자유 진영 구석구석에 영향력을 행사하는 그 힘의 원천은 어디에 있는 것일까? 나는 이처럼 위대한 미국의 힘이 수도 워싱턴 D.C.에 뿌리를 박고 있는 데모크라시, 즉 민주주의 정신에서 나온다고 직감했다. 워싱턴 D.C.란 도시는 미국 민주주의의 심벌이었고 그에 걸맞게 보존되고 가꾸어져 있었다.

지난 6월 25일 워싱턴의 덜레스 국제공항에 내려 시내로 들어가면서 한 가지 의문이 들었다. 자유 진영의 정치 수도라고 할 수 있는 워싱턴 D.C.에 고층 건물이 별로 없었기 때문이다. 미국 도시 어디를 가도 마천

미국 의회의사당

루 같은 고층 빌딩들이 즐비해 있을 거라는 선입관을 가졌던 나로서는 의아하지 않을 수 없었다. 자동차 안에서 동행한 미국 정부 인사에게 "고층 건물이 별로 없군요?"하고 물었더니 이런 답변이 돌아왔다. "워싱턴 D.C.에서는 의회 의사당보다 높은 집은 짓지 않으니까요." 실제로 둘러보니 상·하원이 들어 있는 의회 의사당보다 높은 건물이 눈에 띄지 않았다. "법으로 막고 있느냐?"고 물었더니 그는 단호히 "노(No)."라고 대답했다.

워싱턴 D.C. 시민들은 옛날부터 의회 의사당보다 높은 집을 지을 생각은 안 한다고 한다. 정부가 강제로 막은 게 아니다. 다만 민주주의의 상징인 국회보다 높은 집을 지을 수는 없다는 생각에 자진해서 삼간 게 오늘날까지 전통처럼 이어지고 있다고 한다. 이 얼마나 민주주의를 신봉하는 국민인가. 옛날 우리나라에서도 대궐보다 큰 집을 짓지 못하게 했다. 그러나 그건 백성들이 자발적으로 사양한 게 아니라 왕실이 권위로 눌러 못 짓게 한 것이니 본질적으로 이야기가 다르다.

워싱턴 D.C.는 미국 최고의 통치기구인 의회를 위해 만들어진 인공도시다. 프랑스 공학자 피에르 랑팡(Pierre C. L'Enfant)은 도시공간을 격자형과 방사형으로 연결하고 그 중심에 의회 의사당과 백악관을 놓았다. 도시 전체가 미국 통치권의 핵인 국회를 중심으로 이루어졌다고 해도 과언이 아니다. 그리고 워싱턴 D.C.는 계획도시인 까닭에 수목이 많고 통로가 넓은데다 건물 배치가 좋았다. 도시 전체가 아름답기로는 미국에서 제일간다고 할 수 있는 워싱턴 D.C.의 인구는 겨우 80만 명, 서울의 4분의 1에 불과했다. 그중 흑인의 비율이 절반을 넘는다.

워싱턴 D.C.는 시 전체가 국회를 위해 존재하고 있다. 그 사실은 시 행정을 국회가 직접 담당하고 있는 것으로도 입증된다. 우리나라 서울특별시는 국무총리 직속으로 되어 있지만, 워싱턴 D.C.는 국무총리보다도 훨씬 위인 국회의 직속으로 되어 있으니 특별시를 넘어서는 '초(超)특별시'라고 할 수 있다. 워싱턴 D.C.의 행정은 국회 안에 있는 워싱턴 D.C. 지구위원회에서 관장하고 있다. 3명의 위원으로 구성되는데 이 중 2명의 문민(文民) 위원은 상원의 동의를 얻은 뒤 대통령이 임명하고, 1명의 기술 위원은 육군 공병대 장교 중에서 대통령이 임명한다. 임기는 각각 3년, 4년이다. 이들은 수도의 경찰, 소방, 민간방위, 건축, 민생, 고용, 상하수도 등의 행정을 집행한다. 이렇게 특수한 행정 시스템은 워싱턴 D.C.만이 갖는 정치적 특색이다.

## ─── 심벌(symbol)로서의 도시

워싱턴 D.C.는 미국 시민들의 정신세계를 지배하는 '심벌'로서 기능하는 도시다. 미국 독립의 아버지이자 초대 대통령인, 그리고 미국 민주주의의 기초를 세운 조지 워싱턴의 자택과 묘가 있으며 노예 해방을 위해 일생을 바친 에이브러햄 링컨의 기념관이 있다. 그리고 미국 3대 대통령인 제퍼슨의 기념관을 비롯하여 무수한 애국 용사들이 잠든 알링턴 국립묘지(Arlington National Cemetery) 등이 시내 곳곳에 조화롭게 배치되어 있다.

워싱턴 D.C.에는 많은 기념관이 있지만 그중에서도 링컨기념관은 가장 인상적이었다. 하얀 대리석이 빛나는 그 그리스풍의 건물은 뒤로는 아름다운 포토맥강을 짊어지고 있었고 앞으로는 긴 인공호를 내려다보고 있었다. 건물은 36개의 원기둥으로 둘러쳐져 있었는데 그 원기둥은

링컨기념관

링컨의 대통령 임기 중 있었던 36개 주를 상징한다. 그 속에 있는 링컨의 조각상은 아직도 살아있는 것 같은 위엄을 뿜어내고 앉아 있었다. 벽면에는 링컨의 게티즈버그 연설과 두 번째 대통령 취임식 당시의 연설이 새겨져 있었다.

1863년 7월 초 펜실베이니아주 게티즈버그 평원에서 미국의 운명을 가른 격전이 있었다. 당시 참가한 남군과 북군의 4분의 1이 쓰러졌다. 그해 가을, 숨진 병사들이 묻힌 곳을 국립묘지로 봉헌하며 링컨은 인사말을 남겼다. 그 유명한 게티즈버그 연설이 이때 나왔다.

"87년 전 우리 조상들은 자유의 정신을 바탕으로 하여 모든 인간은 평등하게 창조되었다는 신념으로 이 대륙에 새로운 국가를 건설했습니다. … 우리는 신의 가호 아래 새로운 자유의 탄생을 보게 될 것이며, 국민의, 국민에 의한, 국민을 위한 정부는 지상에서 사라지지 않을 것이라는 그 위대한 대의를 위해 헌신해야 합니다."

이 게티즈버그 연설은 남군(南軍)에 대한 비난 한마디 없이 북군(北軍)을 격려하며 전세에 큰 영향을 주었다. 이 명연설이 끝났을 때 분위기가 너무 엄숙해서 청중이 박수를 치지 못했다는 이야기도 있다.

다음에 같이 새겨져 있는 링컨의 두 번째 대통령 취임 연설에서는 박애 정신이 넘쳐흘렀다. 1865년 3월 4일이었다. 링컨은 피비린내 나는 4년간의 전쟁이 끝난 후 다시 대통령 자리에 취임하면서 이렇게 말했다.

"어떤 사람에게도 악의를 품어서는 안 됩니다. 자애심을 바탕으로 신으로부터 배운 '정의'를 굳게 세우고, 전상자나 전쟁고아들을 도우면서 항구적인 평화를 이루어 나갑시다."

그러나 링컨의 이 명연설은 유언이 되어버렸다. 그는 취임 연설을 한 지 수 주일이 지난 4월 15일, 뜻밖의 인물에게 암살당하고 말았다. 링컨기념관에는 더불어 흑인 참배객이 참 많았는데, 아마 노예 해방과 인종차별 철폐를 위해 투쟁하다가 암살된 그를 기리기 위함일 것이다.

링컨기념관 강 건너편에 있는 알링턴 국립묘지 또한 워싱턴의 정신을 형성하고 있었다. 알링턴 국립묘지는 조국을 위해 희생된 1만여 명의 전몰 용사와 그밖에 나라에 공적이 많은 인물의 유해를 모셔 놓은 곳이다. 존 F. 케네디(John F. Kennedy) 대통령의 묘도 여기에 있었다. 외국의 국가 원수나 수상들은 워싱턴에 방문하면 꼭 이곳에 들러 참배한다. 미국 안팎에서 오는 여행자들도 많이 들른다. 오늘날 1억 7천만 미국 시민들이 워싱턴 D.C.의 중앙정부를 신뢰하고 따르는 데에는 워싱턴 D.C.란 도시를 형성하는 위대한 조상들의 유지가 크게 작용하는 게 아닐까 싶었다. 워싱턴 D.C. 밑바닥에서 솟아나는 그 정신이 의회를 민주주의의 성지로 여기게 했다. 그리고 그것이 오늘날 세계 최강인 미국의 힘을 형성하고 있었다.

### ──── 미국 의회를 가다

워싱턴 D.C.에 도착한 지 나흘째인 6월 29일, 나는 미국 상원을 방문해 한국과 연관이 있는 여러 인사들을 만났다. 미 상원 외무위원회 극동분

과위원장인 프랭크 로쉐(Frank J. Lausche) 민주당 의원의 초대로 공화당의 버크 히켄루퍼(Bourke B. Hickenlooper) 의원과 역시 같은 공화당 의원인 프랭크 칼슨(Frank Carlson) 의원과 오찬을 나누었다. 점심을 모두 먹은 뒤 로쉐 의원은 나를 상원 본회의장으로 안내했다. 참고로 그는 오하이오 주 지사를 다섯 번(10년)이나 역임한 후 상원의원에 당선된 중진이다. 그와 함께 본회의장에 들어섰을 때 나는 놀라지 않을 수 없었다. 당시 하와이 주 출신의 일본계 인물인 다니엘 이노우에(Daniel K. Inouye) 의원이 민간방위에 관한 법률안을 제안하고 설명하고 있었는데, 듣는 사람이 겨우 3명 밖에 없는데도 회의를 계속 진행하고 있었기 때문이다. 우리나라 국회 같으면 신문 가십난이 온통 야단법석하기 알맞은 풍경이다. 그러나 미국에선 이게 보통인 모양이었다. 이윽고 표결에 들어가자 벨이 울리더니 약 50명이 넘는 상원의원들이 모여들었다. 모두 로비나 휴게실 또는 면담실에서 한담을 나누거나 지역구민들을 만나고 있었던 것 같았다.

표결 방식도 우리와 달랐다. 개별적으로 호명을 해서 찬반 여부를 물으면 'Yes'나 'No'로 의사표시를 하는 것이다. 'No'라며 반대할 때는 간단한 이유 몇 마디를 붙였다. 어떤 의원들은 본회의장에 뛰어 들어오면서 "Yes."나 "No."라고 외치기도 했다. 문제의 사나이 골드워터(Barry M. Goldwater, 애리조나주 상원의원으로 1964년 대통령 선거에서 공화당 후보로 선출되었으나 민주당 존슨에게 패배했다.)는 "No."였다. 그렇게 해서 민간방위에 관한 법률안은 찬성 47표, 반대 4표로 통과되었다. 법안의 통과 선포가 끝난 후 로쉐 의원이 나에 대한 간단한 소개를 해주었다. 나는 소개가 끝난 뒤 기립하여 그들에게 경의를 표했다. 모두가 아낌없는 박수로 환영해주었다. 여태까지 국회의원 생활을 해오면서 가장 흐뭇하게 느낀 순간 중 하나

미국 상원 엘렌더(Allen J. Ellender) 의원 및 서범석 의원과 필자
(서범석 의원은 당시 민정당 원내총무로 김영삼 대변인과 함께 미국을 방문했다.)

였다. 인사를 마친 뒤 나는 40여 명의 의원들과 인사를 나누었다.

이튿날인 30일에는 하원을 방문했는데 하원에서도 460명의 의원 중 약 30명 정도만이 출석해서 회의를 진행하고 있었다. 하원에서는 군사위원인 윌리엄 브레이(William G. Bray) 의원과 약 1시간 정도 동아시아의 군사 문제에 관해 대화를 나누고, 외무위원장 토마스 모건(Thomas E. Morgan) 의원을 비롯한 7~8명의 여야 외무위원들과 한국의 군사원조 및 경제원조 문제에 대해 의견을 교환했다. 그들은 모두 한국에서의 군사 감축 문제와 한일회담에 큰 관심을 가지고 있었다.

미 의회를 방문하는 과정에서 가장 인상적이었던 건 국회의원들의 입법 활동이나 정책연구에 대한 지원이 잘 되어 있다는 점이었다. 국회의원 개개인은 모두 의사당 안에 자기 사무실이 있었고 그들을 위해 마련된 세계 최고 수준의 도서관이 있었다. 하기야 뉴올리언스 시의회까지도 의원마다 사무실을 갖고 있으니, 한국의 국회의원은 미국의 시의원보다도 못한 셈이다.

사실 우리나라에서는 국회의원 세비 4만 6천 원이 너무 많다고 시비가 있었지만, 그 금액이면 미국에서는 구호 대상자가 된다. 연 소득 3천 달러 미만이면 정부의 구호 대상에 들어가기 때문이다. 물론 미국과 우리나라의 살림살이 수준이 다르니 서로 비교할 바는 못 된다. 하지만 우리 형편으로 의사당 안에 개인 사무실을 갖지는 못할지언정 제대로 된 도서관은 하나 있어야 하지 않을까. 의원들이 공부하고 연구하며 제대로 된 입법 활동을 할 수 있게 말이다.

미국 의회는 민주주의의 상징으로서 그 존엄성을 유지하고 있었다. 의사당 건물부터 위엄이 있었지만, 그 속에서 일하는 국회의원들을 향한 존경과 권위도 대단했다. 정치의 중심이 국회에서 벗어난 시기에 조국을 떠나왔던 탓인지 미국 의회를 보며 이런저런 생각이 많이 들었다. 물론 우리나라 국회는 그 구성원들부터가 국민으로부터 욕먹을 일을 너무 많이 하기도 하지만, 언론의 비판이 지나친 것도 사실이다. 그런 과잉 비판은 국회의 권위와 위신을 떨어뜨려 국민들 마음속에 국회 무용론을 불러일으킨다. 국회 스스로 비판받을 일을 삼가고 체통을 차리는 동시에 언론도 국회를 육성하는 범위 내에서 비판해야 한다. 잘나도 우리 국회고, 못나도 우리 국회 아닌가. 국회 무용론이 불거지는 것만큼 위험한 일은 없을 것이다. 국회가 없었던 지난 3년, 우리는 국회를 통한 대의정치의 소중함을 얼마나 뼈저리게 느꼈던가? 군정(軍政) 3년 동안 쿠데타가 국가 발전에 백해무익했다는 엄숙한 결론을 체득하지 않았는가 말이다. 따라서 무슨 일이 있어도 다시는 헌정이 중단되어선 안 된다. 이것이 국회 무용론을 경계해야 하는 이유다.

# 미국의
# 정치 풍토

### ─── "골드워터 개자식"이라니

6월 하순 내가 미국에 도착했을 땐 이미 선거 분위기가 무르익고 있었다. '댈러스의 비극'으로 존 F. 케네디가 서거한 후, 그 뒤를 이을 사람으로 민주당의 린든 존슨(Lyndon B. Johnson)을 뽑느냐 아니면 광적이라 할 만큼 극단적 보수성향의 인물인 공화당의 배리 골드워터를 뽑느냐 하는 문제로 1964년 민주, 공화 양당의 전당대회는 불붙기 시작했다. 현직 대통령인 존슨이 애틀랜틱시에서 열린 민주당 전당대회에서 대통령 후보자로 지명된 건 예상된 일이었다. 그러나 골드워터가 샌프란시스코에서 열린 공화당 전당대회에서, 그것도 883표 대 214표라는 큰 차이로 윌리엄 스크랜튼(William W. Scranton)을 거뜬히 물리치고 지명된 건 정말 예상 밖의 일이었다. 왜냐하면 미국 시민들이 압도적으로 골드워터를 싫어하고 있는 것처럼 보였기 때문이다. 우리나라에서도 그렇지만 미국 같은 나라에서 신문, 방송 등 매스컴의 영향력은 굉장하다. 그런데 골드워터는 그 매스컴으로부터 완전히 버림을 받고서도 전당대회에서 승리했다. 실제로 우리나라였으면 선거법 위반으로 걸리고 남았을 만큼 미국의 기자들은 골드워터를 노골적으로 비판했다. 샌프란시스코 전당대회가 골드워터의 승리로 끝난 뒤, TV 기자들이 대회 총평 좌담회를 열었는데 여기에서도 그들은 이례적으로 승리자를 지독하게 공격하고 있었다. "교묘한 방법으로 당을 집어먹었다.", "일종의 쿠데타다.", "한 가지 빠진 게 있는데, 그것은 대회가 끝나고 '히틀러 만세'를 부르지 않았다는 거다."는 식이었다. 그 기자들은 심지어 "스크랜튼 부인이 골드워터 부인보다 훨씬 훌륭하다."며 후보자 부인의 인물평까지 하고 있었다. 비난의 화살은 두 후보자 사이에서 중립을 지켜온 드와이트 아이젠하워(Dwight D. Eisenhower) 전 미국 대통령을 향하기도 했다. 그는 전당대회가 끝날 때까지 침묵을 지키고 있었는데 기자들은 이를 두고 "저렇게 우유부단한 사람이 어떻게 제2차 세계대전 당시 유럽연합군 총사령관으로 백만대군을 지휘했는지 의심스럽다."고 비난했다.

선거에 있어서 미국 사람들은 광적이었다. 생각하면 행동하는 국민이어서 그런지도 모른다. 아무튼 7월 9일부터 16일까지 열린 공화당 전당대회 기간 동안 그 정치광들은 확실히 제정신이 아니었다. 골드워터를 반대하는 이들은 주로 쇼(show)를 보여주었다. 플래카드를 들고 외치는 것까진 괜찮은데, 거리에서 북을 치면서 사람들을 모으고 골드워터를 성토하는 장면은 웃기기도 하고 놀랍기도 했다. 마치 우리나라 길거리에서 약장수들이 선전하는 것과 같은 꼴이었다. 미국 시민들은 우리나라처럼 약장수를 구경하듯 옹기종기 모였다가 또 이내 흩어졌다. 골드워터를 지지하는 이들이 시비를 걸거나 하는 모습은 보지 못했다. 물론 샌프란시스코 전당대회장 주변에서 골드워터를 지지하는 시위대와 스크랜튼을 지지하는 시위대 사이에서 충돌이 있기는 했지만 말이다.

골드워터의 지지 기반은 흑인에 대한 차별이 심한 남부 지역이다. 그런 까닭에 그는 광적인 지지자도 많지만, 극단적으로 그를 반대하는 이들도 많다. "골드워터가 당선되면 이민을 가겠다."고 하는 사람도 제법 있을 정도였다. 샌프란시스코에 막 도착했을 때, 국무부의 호의로 한 여성 안내원과 함께 샌프란시스코 시내를 구경하고 있었는데 그녀는 자기가 공화당원이라면서 내게 연신 골드워터 욕을 해댔다. 골드워터가 미워서 투표장에 가지 않겠다고도 했다. 운전을 하면서 어쩌다가 앞차가 성가시게 굴면 "제기랄, 저 차에 탄 인간은 골드워터 지지자가 틀림없어! 받아버릴까?"라고 투덜댔는데, 기분이 나빠도 재수가 없어도 조상 탓이 아닌 골드워터 탓을 하는 것 같았다.

샌프란시스코 시내 어느 옥상에는 "거품처럼 사라져라, 골드워터!"라는 플래카드가 크게 걸려 있는가 하면 교외의 한 산비탈에는 "골드워터 개자식"이라는 글씨가 페인트로 크게 쓰여 있기도 했다. 그 글자의 크기가 얼마나 컸던지 샌프란시스코 공항에서 내리자 멀리서 눈에 띄었다. 그걸 다 지우려면 산을 깎아야 할 판이었다.

미국 선거 풍경 중 한국과 눈에 띄게 다른 건 이뿐만이 아니다. 민주당을 지지하는 시민들은 그걸 표시하는 옷이나 모자를 하고 다녔다. 공화당 지지자들도 마찬가지다. 또 많은 이들이 자동차에 "존슨을 지지한다." 혹은 "골드워터를 지지한다."는 표지를 부착하고 다녔다. 미국 시민들은 그들의 정치 의사를 이처럼 양성화한다. 적극적인 정치 참여 의식을 엿

민주당을 위해 자원봉사하는 정치광들

볼 수 있는 한편 정치활동에 대한 박해가 없이 완전한 자유가 보장되는 게 부러웠다. 야당에 대한 핍박과 권력기관의 감시가 예사로 횡행하는 우리나라의 정치 풍토와는 거리가 너무 먼 꿈속의 일 같이 느껴졌다. 의사표시의 자유가 100% 보장되는 이와 같은 정치 풍토가 형성되지 않는 한, 여론을 바탕으로 하는 진정한 민주정치의 구현은 바랄 수 없는 일이 아닐까 싶어 마음 한구석이 우울해졌다.

### 존슨의 재산 시비

공화당의 대통령 후보가 된 골드워터는 존슨 대통령의 재산을 집요하게 물고 늘어졌다. 골드워터는 "정직한 인간이 행정을 맡을 필요가 있다."며 깨끗한 대통령을 강조했다. 그는 "연방정부의 수뇌들은 부패했다."면서 특히 "존슨 대통령은 부정 축재자"라고 공격했다. 공화당 역시 존슨의 재산이 1천 5백만 달러에 달한다고 떠들어댔다. 존슨은 이런 악의적 비난을 해명하기 위해 미국 역사상 처음으로 현직 대통령의 재산을 공개했다. 그는 공인회계사에게 소유재산에 대한 조사를 맡긴 뒤 그 결과를 공개했다. 그가 공개한 총재산은 348만 4,098달러였다. 발표된 재산 조사서에는 구체적인 재산목록도 덧붙여져 있었다. 그 목록을 추려 보면 다음과 같았다.

(1) 현금 13만 2,547달러
(2) 공채 39만 8,540달러
(3) 텍사스방송사 247만 680달러

(4) 이익배당금 7만 3,158달러

(5) 토지와 가축 25만 달러

(6) 기타 8만 2,054달러

   그는 여기에서 세금에 필요한 비용을 빼면 전부 348만 4,098달러가 된다고 주장했다. 존슨의 재산 중 액수가 가장 큰 건 아무래도 텍사스방송사였는데, 존슨은 1947년에 2만 4,850달러를 투자해서 그 이익금이 326만 1,106달러가 되었으며 거기에 자본소득세 81만 5,276달러를 제외하고 나면 247만 608달러가 된다고 했다. 물론, 그를 비난하는 사람들 중에는 그 방송사의 시가가 600만 달러에 달한다고 지적한 이들도 있었다. 존슨이 소유한 토지는 텍사스, 앨라배마, 미주리 등 3개 주에 산재해 있었다. 그는 그 가치를 52만 2,791달러로 계산하고 있었다. 부인 소유의 앨라배마 땅은 3,606에이커(약 440만 평)였는데, 존슨 부부는 그 땅을 1에이커당 10달러로 계산하고 있었으나 그 토지에 있는 삼림에서 펄프용재가 생산되고 있으므로 그 5배의 가치가 있다고 보았다.

   문제의 초점은 액수보다는 존슨 대통령의 재산이 어째서 그렇게 많이 늘었는가 하는 데 있었다. 공화당은 그 배후에 지위를 이용한 부정이 있지 않았느냐고 따지고 들었다. 사실 존슨 대통령의 재산이 1954년 1월 1일부터 1964년 7월 31일까지 약 5배나 늘어난 건 사실이다. 지난 10년간 존슨이 받은 세비나 봉급의 합은 40만 9,730달러, 연평균 4만 달러에 불과했음에도 말이다. 이에 대해 존슨 부인은 텍사스방송사 사장으로 있으면서 10년간 57만 달러를 벌었고, 남편의 주식배당금으로 3만 달러, 딸의 주식배당금으로 7만 4천 달러, 그 밖의 이자 수입으로 11만 달러,

목장 수입 3만 4천 달러, 토지매매로 42만 달러, 지대 9만 달러로 10년간 총 184만 4,974달러를 벌었다고 밝혔다. 그중 사무소 비용과 생활비 58만 7,100달러, 이자 지출 89만 769달러, 자선 사업비 17만 8,578달러를 지출했다고도 밝혔다. 공인회계사는 이 이상의 구체적인 내용을 밝히지는 않았다.

재산 공개에도 불구하고 골드워터 측은 이 계산을 믿지 않았다. 그리고 그의 재산에 대한 집요한 공격을 멈추지 않았다. 어느 나라든 정치지도자는 돈에 깨끗해야 한다는 인식에 있어서는 똑같은 모양이다.

───  **공개적인 선거자금**

우리나라에서 선거자금은 항상 음성적으로 거래된다. 어쩌면 우리 정치의 후진성이 여기에 있는지도 모르겠다. 미국의 대기업들은 전통적으로 자신들이 민주당과 공화당 중 어느 정당을 지지하는지를 뚜렷하게 밝힌다. 이는 법적으로도 문제가 되지 않는다. 따라서 그들의 선거자금이나 정치후원금은 양성적으로 거래된다.

재미있는 건 4년마다 열리는 양당의 전당대회 개최지 역시 '돈을 많이 내는' 도시에서 열린다는 점이다. 그러니까 전당대회를 경쟁입찰하는 꼴이다. 이번에 민주당과 공화당이 각각 애틀랜틱과 샌프란시스코에서 전당대회를 연 것도 그 도시의 기업인들이 돈을 많이 냈기 때문이다. 애틀랜틱의 경우 확인할 수 없었지만, 샌프란시스코의 경우 그곳의 기업인들이 무려 600만 달러에 달하는 비용을 지불하고 공화당 전당대회를 유치했다고 한다. 4년 전 존 F. 케네디가 민주당 후보로 지명되었던 전당대회가 샌프란시스코에서 열린 것도 그런 이유에서였다.

또 하나 재미있는 건 거리에서 선거자금을 공모하는 풍경이었다. 미국에서 길을 걷다가 어떤 여인이 자동차를 세워놓고 뭐라 말하는 것을 본 적이 있다. 자세히 보니 민주당 선거자금을 모금하고 있다고 써 붙여 놓았었다. 지나가던 행인들이 한 사람당 25센트씩 돈을 주었고, 그 여인은 돈을 낸 사람에게 번호가 적힌 표를 한 장씩 주었다. 그것은 경품권이었다. 억세게 재수 좋은 사람은 25센트를 후원하고 거기 세워져 있는 자동차를 갖게 되는 것이다. 미국의 정당들은 이런 방법으로 막대한 선거자금을 모으고 있었다. 우리나라에서도 이런 방식으로 선거자금을 모은다면 얼마나 돈이 모이게 될까? 골드워터는 지난 8월에 벌써 2천만 달러의 선거자금을 모았다는 소문이 돌고 있었다. 우리나라 돈으로는 무려 50억 원이 넘는 금액이었다(1964년 환율은 1달러당 약 255원이었다.). 물론 선거자금으로 그보다 몇 배는 더 썼을 테지만 말이다.

## 초인적인 유세

오늘날 미국의 선거는 초인적인 체력을 요구하는 유세를 해야만 한다. 주 예선에서 시작하는 전당대회를 치러야 하고, 당내 선거가 끝나면 11월 초 투표에 들어갈 때까지 본격적인 대선 캠페인을 펼쳐야 한다. 이때 정·부통령 후보자들은 가급적 많은 유권자와 악수하기 위해 때로는 비행기로, 때로는 기차로 이동하며 유세를 한다. 1960년 케네디와 닉슨이 맞붙었을 당시의 기록을 보면 공화당 후보이던 닉슨은 50개 주 170개 도시를 방문해 연설했는데 그 길이가 9만 6,000km에 달했다. 그런데 민

민주당 전당대회가 열리는 애틀랜틱시 거리 풍경

주당의 케네디는 무려 12만 km를 이동했다. 그는 44개 주 137개 도시를 방문했다. 참고로 1960년 대선에서는 TV가 등장하여 케네디와 닉슨이 네 번이나 TV토론을 하기도 했다.

존슨과 골드워터는 특별전용기나 헬리콥터로 이동하며 유세를 벌였다. 존슨 대통령이 전용기를 타고 애틀랜틱의 민주당 전당대회에 나타나는 장면이 TV를 통해 방송되며 화제를 모았는데, 골드워터 역시 이에 질 쏘냐 하고 선거용 특별기를 새로 마련하여 대항했다. 골드워터는 보잉 727형 3발 제트기인 그 전용기에 '야비 켄(the Yai Bi Ken)'이란 묘한 이름을 붙였는데, 그의 고향 애리조나의 나바호족 인디언 말로 '하늘의 집'이란 뜻이라고 한다. 그 비행기 내부에는 공화당 전국위원회본부와 연락하는 통신시설을 비롯해 밀러 부통령 후보자의 승용차와 항상 교신할 수 있는 시설도 갖추어져 있다고 했다. 미국 항공회사로부터 임대해서 개조한 것이라고 하는데 부자 나라의 선거는 이런 면에서도 풍성한 데가 엿보였다.

───── **철저한 페어플레이**

미국 선거에서 우리가 꼭 배워야 할 점이 있다면 바로 철저한 페어플레이 정신이었다. 그들은 아무리 치열한 경쟁을 치르더라도 일단 승패가 판가름 나면 반드시 결과를 따라야 한다는 자세가 투철했다. 감정을 컨트롤할 줄 아는 사람들이었다.

며칠 동안 계속된 공화당 전당대회가 골드워터의 승리로 막을 내린 뒤, 패배자 스크랜튼이 보여준 행동은 정말 신사다웠다. 스크랜튼의 패배가 확정되자 그의 딸은 아버지의 패배에 억수 같은 눈물을 흘렸다. 지지자들 역시 눈가에 눈물이 맺혀있었다. 하지만 스크랜튼은 침착하게 연단에 올라갔다. 그리고 골드워터에 대한 지지를 호소했다.

"당의 단합과 11월 대선 승리를 위해, 공화당 대통령 후보로 골드워터를 만장일치로 지명합시다."

그리고 그는 자신의 깨끗한 후퇴를 선언했다. 우레와 같은 박수갈채가 터져 나왔다. 연신 눈물을 흘리던 딸도 아버지의 신사다운 연설에 박수를 잊지 않았다. 이 얼마나 훌륭한 패배인가….

미국에서는 이런 페어플레이가 하나의 전통인 것 같았다. 선거 과정에서 당락의 윤곽이 드러나면 승리자와 패배자 사이에서는 축하와 위로의 전문이 교환된다. 이번 1964년 대통령 선거에서도 골드워터는 개표 도중 패색이 짙어지자 패배를 인정하고 존슨에게 축전을 보냈다. 이런 페어플레이 전통만큼은 우리가 확실히 배워야겠다는 인상을 받았다.

### ── 민주당 전당대회 참관기

세계 자유 진영의 리더라고 해도 과언이 아닌 미국 민주당의 전당대회에 초대받았다. 8월 24일 아침 자동차로 뉴욕에서 출발해 애틀랜틱에 도착했다. 애틀랜틱은 교외에서부터 각종 정치 행사들로 온통 축제 분위기에 휩싸여 있었다. 큰 건물마다 성조기와 민주당의 플래카드가 휘날리고 있었고, 호텔에서도 50개 주에서 온 대의원들의 숙소라는 표지가 걸려

민주당 전당대회를 환영하는 애틀랜틱시

있었다. 방은 2개월 전부터 예약이 다 찼다고 했다. 주차장에서도 요금을 한 시간에 무려 3달러로 올려받고 있는 형편이었다. 전당대회 경호를 담당하는 경찰 책임자에게 들어보니 이번 민주당 전당대회 때문에 애틀랜틱에 모인 사람이 20만 명이나 된다고 했다. 과연 놀라운 규모의 잔치가 아닐 수 없었다. 호텔 방을 못 얻어 자동차에서 자는 사람도 제법 있다고 하니 말 다 했다.

전당대회장에 들어서니 프랭클린 루스벨트(Franklin D. Roosevelt), 해리 트루먼(Harry S. Truman), 존 F. 케네디, 린든 존슨의 사진을 걸어놓고 "계속 나아가자!"라는 슬로건을 크게 써 붙여 놓은 게 눈에 들어왔다. 그 옆에는 "우리는 역사상 세계에서 가장 번영한 나라를 가졌다!"는 문구도 있었다. 행사장에는 6천 명에 육박하는 취재기자들이 출동해 있었다. NBC, CBS, ABC 등 미국 3대 방송사에서는 기자와 엔지니어를 합해 회사마다 150여 명의 인력을 내보냈다. 그들은 이 역사적인 전당대회 구석구석을 국민에게 샅샅이 알리고 있었다.

공화당 전당대회 때도 그러했듯이 민주당 전당대회가 진행되고 있는 기간 동안 TV에서는 다른 프로그램을 거의 방영하지 않았다. 우리나라는 언론에 대한 통제로 시끄럽지만 미국은 밝은 면, 어두운 면을 자유롭게 보도하고 있었다. 앞서 말했듯 미국의 수많은 도시 중 애틀랜틱에서 전당대회가 열리게 된 것은 애틀랜틱이 다른 도시보다 민주당에 돈을 많이 냈기 때문이다. 들리는 풍문으로는 약 800만 달러를 지불했다고 한다. 우리나라도 전당대회를 4년에 한 번씩 하고, 전국 주요 도시를 돌아다니면서 하는 것도 좋겠다는 생각이 들었다.

오후 8시에 시작하기로 했던 전당대회는 예정보다 조금 늦어져서 8

민주당 지명대회

시 반이 되어서야 겨우 시작됐다. 미국에서도 약간의 코리안 타임은 어쩔 수 없는 모양이다. 전당대회가 시작되자 수백 개의 풍선이 날렸고 존슨의 사진과 만화 등이 물결쳤다. 나팔 부는 사람, 휘파람 부는 사람, 고함치는 사람 등 별별 지지자들을 다 봤다. 8월 26일에는 리처드 닉슨을 꺾은 에드먼드 브라운(Edmund G. Brown Jr.) 캘리포니아 주지사가 존슨 추천 연설을 했다. 그 밖에도 9명이 대통령과 부통령 후보자 추천 연설을 이어 나갔다. 밤 11시 20분이 되자 존슨 대통령이 부인과 두 딸을 데리고 대회장에 등장했다. 함성과 박수 소리 때문에 존슨이 15분 동안 연설을 못 할 정도로 장내는 흥분의 도가니 속에 휩싸였다. 그는 시계를 가리키며 시간이 없다고 호소한 뒤에야 겨우 연설을 시작할 수 있었다. 그는 "4년 전 샌프란시스코에서 우리는 위대한 케네디를 대통령으로 지명했다."며 "케네디가 훌륭히 일하다가 서거한 뒤, 나는 그의 정신을 계승해 왔고 앞으로도 계속할 것"이라고 강조했다. 부통령 후보로는 허버트 험프리(Hubert H. Humphrey Jr.)를 지명했다.

전당대회는 27일 저녁 6시 반에 속개되었다. 이날은 존 F. 케네디의 동생인 로버트 케네디(Robert F. Kennedy) 법무장관도 전당대회 장소에 등장했다. 그는 형에 대한 이야기로 연설을 시작했다.

"나의 형 존 케네디는 가난한 사람과 무지한 사람들을 위해서 짧은 인생을 바쳤다. 청년들이 이어받은 미국은 지금 사상 최대의 번영을 누리고 있다. 오늘의 번영은 미국 청년들의 것이다. 나의 형 존 F. 케네디의 모습이 그려져 있는 이 영화를 미국의 젊은이뿐 아니라 온 세계의 자유를 사랑하는 모든 이들에게 바친다."

이윽고 존 F. 케네디의 일생을 다룬 영화가 상영되었다. 케네디의 인기를 선거에 활용하려는 존슨의 정치적 의도가 다분했지만 그 누구도 시비를 걸지 않았다. 그만큼 케네디를 그리워했기 때문이다. 케네디 대통령이 취임할 때 했던 연설부터 쿠바 사태 때의 기자회견, 유럽 순방, 가정생활 등 그의 생애가 스크린에 펼쳐졌다. 영화 상영이 끝나고 불이 켜졌을 때 장내가 눈물바다가 되었음은 물론이다. 로버트 케네디는 주저앉아 울고 있었다.

# 새로운
# 케네디의 시대

―――― **케네디를 향한 눈물의 홍수**

존 F. 케네디, 이 사나이의 죽음은 정말 비극이었다. 1963년 11월 22일 댈러스의 한낮, 리 하비 오즈월드(Lee H. Oswald)가 쏜 총탄이 케네디의 머리를 관통했다. 그것도 재클린 여사가 지켜보는 바로 앞에서. 젊은 지도자가 숨을 거두고 헤아릴 수 없을 만큼 많은 미국 시민들이 깊은 슬픔에 잠겼다. 케네디 부부는 그들의 마음속 연인이었기 때문이다. 두 부부는 시민들로부터 많은 사랑을 받고 있었다.

나는 8월 27일 민주당 대통령 후보 지명대회에서 케네디를 향한 미국 시민들의 눈물의 홍수를 보았다. 애틀랜틱에도 댈러스의 슬픔이 찾아왔다. 케네디는 사실 인생에서 가질 수 있는 모든 걸 가진 이였다. 훌륭한 아버지와 총명한 형제, 아름다운 아내를 두었고 최고의 지위와 돈을 가졌다. 거기에다 국민의 뜨거운 사랑도 누렸다. 그러나 단 한 가지, 너무

케네디 묘지에서 인종을 넘어선 참배객들이 차례를 기다리고 있다.

짧은 생애가 비극으로 다가왔고 그 선명한 대비가 미국 국민을 울린 것이다.

지난 6월 워싱턴 D.C.에 도착하자마자 국립묘지에서 케네디의 묘지를 참배했다. 그리고 2주간의 미국 일정을 마무리하고 다시 워싱턴 D.C.에 돌아갔던 8월에 한 번 더 방문했다. 나도 모르게 그곳으로 발길이 향했다.

그 묘소에는 6월에나 8월에나 항상 수천 명의 참배객이 줄지어 서 있었다. 미국인은 물론이고 세계 각국 여행자들도 워싱턴 D.C.를 방문할 때면 항상 케네디의 묘소를 찾는 모양이었다. 그 수가 매일 평균 1만 명에 가까웠다. 하지만 그의 묘소는 다른 무명용사의 것들과 크게 다를 바 없이 소박했다. 다른 점이 있다면 늘 꽃다발로 가득했다는 점뿐이었다.

케네디 사후 미국 은행은 50센트짜리 기념 동전을 대량으로 발행했다. 그런데 그의 얼굴이 새겨진 그 동전은 시중에 제대로 유통되지 못했다. 모두가 기념물로 간직했기 때문이다. 그래서 그 동전은 몇 배가 비싼 몇 달러에 암거래되고 있었다.

혜성처럼 백악관에 등장한 그는 쿠바 사태를 용기 있게 해결하고 흑백 평등을 위한 민권법을 제정하는 등 젊은 지도자로서, 그리고 자유 진영의 리더로서 촉망받았다. 이제는 작은 무덤으로 변해버린 그이지만, 그는 여전히 미국인들의 가슴 속에 살아있었다. 언젠가는 워싱턴 D.C. 어느 곳에 그의 기념관이 들어설지도 모른다.

──── **로버트 케네디의 야망**

미국 정계에서는 '언젠가 다시 케네디 시대가 도래할지도 모른다.'는 말이 나오고 있었다. 물론 그 주인공은 로버트 케네디다. 존 F. 케네디 대통령의 브레인 역할을 했던 로버트 케네디는 이번 선거에서 민주당 부통령 후보를 꿈꾸었지만 결국 좌절되었다. 존 F. 케네디에 의해 1960년 대선이 좌절된 노련한 정치가 존슨이 그를 탐탁지 않게 여겼기 때문이다. 4년 전에 있었던 그 전당대회에서 존 F. 케네디가 승리할 수 있었던 이면에는 로버트 케네디의 비상한 수완이 작용했다. 그때 케네디 형제가 존슨을 꺾으리라 생각한 사람은 많지 않았다.

존 F. 케네디는 대통령 후보로 결정된 뒤 부통령 후보로 존슨을 지목했다. 이때 로버트 케네디는 존슨의 부통령 지목을 반대했지만 형은 존슨의 영향력을 흡수하기 위해 그를 부통령 후보로 지목했다. 그런데 이번에는 상황이 반대가 됐다. 존슨 또한 케네디 전 대통령 추모 표와 케네디 일가가 가진 지지 기반이 탐났을 것이다. 그러나 존슨은 로버트 케네디를 부통령 후보로 지명하지 않았다. 대신 케네디의 매부인 사전트 슈라이버(Robert S. Shriver Jr.)에게 부통령 후보 교섭을 하고 있다는 말이 떠돌았다. 그를 부통령으로 지명함으로써 앞서 이야기한 표를 흡수하고자 했을 것이다. 하지만 슈라이버가 이를 거절했다. 처남인 로버트 케네디가 하고 싶은 자리를 자신이 할 수는 없단 생각이었던 것 같다. 이런 신경전 때문인지 로버트 케네디는 전당대회에서 존슨을 소개할 때 '존슨 대통령(President Johnson)'이라고 부르지 않고 '미스터 존슨(Mr. Johnson)'이라고 부르기도 했다. 서로 완전히 감정이 상해 있는 것이다.

이번에는 로버트 케네디가 부통령이라는 꿈을 못 이루게 되었지만, 4

평화군단장이자 로버트 케네디의 매부인 사전트 슈라이버와 필자, 그 옆에는 서 의원

년 또는 8년 후에는 그가 대통령 후보로 나설 것이라고 보는 이들이 많다. 실제로 존 F. 케네디를 움직였던 사람들이 로버트 케네디 주변에 그대로 남아 있다. 그는 뉴욕주 상원의원에 출마했고 재클린 여사가 그의 선거운동을 돕기 위해 뉴욕에 집을 구했다. 케네디 대통령의 대변인이었던 피에르 샐린저(Pierre E. G. Salinger)도 캘리포니아주 상원의원에 도전했는가 하면 케네디의 막내 동생인 에드워드 케네디(Edward M. Kennedy) 역시 그의 고향인 메사추세츠 주에서 입후보했다. 더욱이 케네디 가문은 미국에서 20위 안에 들 정도로 막대한 재산을 보유하고 있다. 이런 걸 종합해 보면 존슨은 케네디 가문과 케네디를 둘러싼 젊은 하버드 출신들을 견제하기 위해 로버트 케네디의 정부 진출을 막았는지도 모른다. 물론 그가 상원의원으로 출마하는 것조차 막지는 못했지만 말이다.

결과적으로 로버트 케네디는 뉴욕주 상원의원이 되었다. 사람들은 그가 4년 후를 바라보고 뉴욕에서 나왔다고 생각했다. 미국에서 뉴욕주 상원의원은 백악관으로 가는 첫 번째 관문이라는 인상을 주고 있다. 여기에 동생 에드워드 케네디도 당선되었으니, 케네디 가문 중흥의 발판은 마련된 셈이다(샐린저는 낙선했다).

### ─── 새로운 기수 로버트 케네디

존 F. 케네디는 대통령으로 당선된 1960년 11월 초, 동생 로버트 케네디에게 법무부를 맡아보는 게 어떻겠냐고 제안했다. 로버트 케네디는 극구 사양했다. 존이 케네디 가문에 대한 세간의 비판을 간과한 건 아니지만 그래도 그는 로버트가 법무장관 적임자라고 판단했다. 로버트도 아예 생각이 없었던 건 아니다. 그는 국방부나 국무부의 차관 정도를 생각하고 있었다. 하지만 존은 동생이 어떤 장관 밑으로 들어갈 경우 그 장관의 입장이 매우 난처해질 거라는 걸 알고 있었다. 그래서 로버트에게 끊임없이 압력을 넣었고 로버트는 오랜 고민 끝에 법무부 장관직을 수락했다.

법조계에서는 서른다섯 밖에 안 된 법무장관의 경험과 능력을 의심하는 사람이 많았다. 실제로 그는 정부에서 수사 업무를 담당한 적은 있지만 변호사 개업을 한 적은 없었다. 무엇보다 나이가 너무 어렸다. 미국 법무부는 주로 범죄 수사, 교도소 행정, 인종 차별 문제, 이주민의 입국 조정, 정부 소유 재산에 관한 소송 등 수많은 일을 한다. 이 모든 일을 하기 위해선 조금 더 권위 있는 법조계의 거물이 법무장관을 맡아야 한다는 평이 있었다. 하지만 로버트는 "법무장관이 되기 위해 미리 완벽한 경험과 준비를 한다는 건 불가능하다."고 맞받아쳤다. 대통령도 똑같이 주장했다. 형제는 법무장관의 자질로 가장 중요한 건 건전한 판단력과 일을 배우려는 의지, 그리고 절조라고 했다. 대통령은 로버트야말로 그 모든 걸 갖춘 인물이라고 했다.

법무장관이 된 이후, 로버트는 형의 기대를 저버리지 않았다. 그는 임명되자마자 불량 청소년들에 대한 실태조사와 더불어 소년원에 수용되어 있는 5천 명의 청소년들을 계도하기 위한 시설 설치를 주장했다. 이 사업에 착수하기 위해 의회에 61만 8천 달러를 요청했다. 그리고 그는 뉴욕으로 날아가 셔츠 바람으로 할렘 지구를 걸어 다니면서 불량 청소년들을 직접 만났다. 다른 한편으로 조직범죄와 맞서 싸우기 위해 각 주 정부가 요청할 경우 FBI의 권한을 확장하는 법안을 국회에 제출하기도 했다. 민주당은 케네디 형제의 진보적인 입법이 순탄하게 추진될 수 있도록 하원 운영위원회의 구성 혁신을 추진했다. 그리고 그 선봉에 로버트가 섰다. 여기에서부터 로버트의 실력은 거듭 성장하게 되었다.

로버트 케네디는 1925년 11월 20일, 매사추세츠 브루클린의 평범한 이층집에서 태어났다. 9남매 중 일곱 번째였다. 그의 부친은 사업 때문에 이사를 자주 했다. 그래서 로버트는 어린 시절 어느 학교로 옮겨 다녔는지 기억하기 어려울 정도였다. 대략 열두 개 정도 다닌 것 같다고 말했다. 그는 평소 축구, 야구, 수영, 테니스, 요트 등의 스포츠를 즐겼다. 한편으로 용돈을 벌기 위해 토끼를 길러 동네 사람들에게 토끼를 팔고, 자전거를 타고 잡지를 배달하기도 했다.

로버트는 10살 때 영국으로 갔다. 루스벨트 대통령이 그의 아버지를 주영 대사로 임명했기 때문이었다. 깁스 학교에 있으면서 축구를 즐겼고 일종의 청소년 사교계에 진출했다. 그곳에서 아직 어렸던 마거릿 공주, 엘리자베스 공주와 어울리기도 했다.

그러던 중 제2차 세계대전이 발발했다. 형제의 아버지는 식구들을 미국으로 돌려보냈다. 로버트는 밀턴 학교로 진학했고 그 학교를 마칠 즈음 해군 항공사인 맏형의 권유로 V-5라는 해군 항해사 훈련 프로그램에 참가했다. 그리고 메인주에 있는 베이츠대학에서 8개월간 훈련받은 뒤, 정규 해군 장교 프로그램인 V-12로 전입되었다. 이후 로버트는 친지인 해군 장관 제임스 포레스탈(James V. Forrestal)에게 부탁해 해상 근무를 발령받았다. 그가 탄 배는 전사자인 그의 맏형의 이름을 딴 '조셉 케네디 2세호'였다. 그는 그곳에서 2등 수병으로 있으면서 첫 4개월은 배를 청소했고, 2개월은 레이더 앞에 앉아 레이더에 표시되는 점들을 지켜보는 일을 했다. 그러나 적함은 구경도 못 해보고 군 생활을 마치게 되었다. 그의 큰 형 조셉은 영웅적인 전사를 했고, 작은 형 존은 자신이 탄 초계 어뢰정이 일본 구축함의 공격으로 두 동강이 났을 때 15시간 동안 전우를 구출하면서 훈장을 탔는데, 그에 비하면 자신의 군 생활은 기대에 한참 미치지 못했다고 해도 과언이 아니었다.

1946년 제대한 로버트는 처음으로 정치의 맛을 보았다. 형 존이 보스턴시 제11 선거구 하원의원으로 출마하면서다. 존은 이때부터 로버트에게 선거운동을 요청했다. 훗날 로버트는 "집집마다 초인종을 누르고 다니면서 '우리 형에게 투표해주세요.'라고 한 것 같다."고 회고했다. 그의 노력 덕분인지 존은 당선되었고, 로버트는 형의 친구 빌링스와 함께 2개월간 중남미 여행을 하고 돌아온 뒤 하버드에서 공부했다. 물론, 강의를 열심히 듣기보다는 운동이나 정치에 대해 지껄이는 시간이 많았다고 스스로 말했다. 한번은 친구와 함께 천주교 강좌를 들으러 갔다가 "가톨릭 신자가 아닌 사람은 전부 지옥에 간다."는 신부의 말을 듣고 격분해 정면으로 이의를 제기한 적도 있다고 한다. 친구는 다음 날 신부를 찾아가 사과하라고 권유했으나 로버트는 끝까지 사과하지 않았다. 그 신부는 해당 발언으로 파문되었다고 한다.

로버트는 1950년 여동생의 친구인 에델 스카켈과 결혼했고, 보스턴 포스트지의 특파원으로 중동과 유럽을 돌아다녔다. 귀국 후에는 버지니아 법과대학원에서 법학을 공부했다. 졸업 후에는 법무부 국내보안국에 들어가 여러 가지 수사에 참여했다.

1952년 존 F. 케네디가 상원의원에 도전하자 로버트는 공직을 떠나 형의 선거사무장으로 뛰었다. 그리고 8년 후에는 존 F. 케네디 대통령 후보자 선거 캠프에서 그간 갈고닦은 실력을 유감없이 발휘했다. 사실 로버트는 당시에 정식 선거운동 책임자로 임명되지는 않았다. 그러나 그가 캠프의 모든 걸 총괄했다는 건 만인이 다 아는 일이었다. 민주당의 노련한 정치가들 역시 로버트의 천재적인 재능에 깜짝 놀랐다고 한다. 불쑥 당의 중앙선거위원장으로 임명될 수 있었던 것도 그런 이유에서 기인할 것이다.

그해 11월 8일, 존 F. 케네디가 미국의 대통령으로 당선되던 순간, 로버트 케네디는 하이애니스 포트(Hyannis Port)에 있는 별장 2층에서 개표 결과를 주시하고 있었다. 그는 승리했음에도 불구하고 "표가 적게 나왔다."며 불만을 터뜨렸다고 하는데, 그만큼 형에 대한 애정이 깊은 그가 형의 암살 소식을 들었을 때의 슬픔은 이루 말할 수 없을 것이다.

여하튼 그 슬픔을 딛고 일어선 로버트 케네디는 이번 선거를 거치며 뉴욕주 상원의원이 되었다. 뉴욕 타임스 같은 언론은 그의 뉴욕 출마를 두고 '뜨내기'라고 비판했지만, 이번 일이 그가 백악관으로 가는 첫 번째 징검다리가 될 것임은 의심의 여지가 없다.

# 미국이 바라보는
# 한국

## ──── 잊힌 코리아

북미 대륙을 2개월간 여행하면서 나는 비행기를 탈 기회가 많았다. 그런데 낯선 비행기를 탈 때마다 꼭 한 번씩 듣게 되는 괴로운 질문들이 있었다. 정말 괴로운 질문이었다. 바로 "당신은 일본인이오?"라는 물음이었다. 내가 "아니오."라고 대답하면 사람들은 바로 "그러면 중국인이오?"라고 묻는다. 다시 "노(No)."라고 하면 "그러면 필리핀 사람이오?" 한다. 또 다시 "노."를 말하면 결국엔 "그럼 태국인이군요." 한다. 이쯤 되면 불쾌지수가 상당히 올라간다. 물론 처음부터 "나는 한국인이오."라고 대답하고 끝내버리고 싶은 충동이 없지는 않다. 그러나 한편으론 이 사람들이 언제쯤에야 한국을 말할까, 이토록 한국을 잊었는가 하는 반발심에 끝까지 참고 버텨보기 일쑤였다. 끈기 없는 양반들은 이쯤에서 두 손을 벌리고 할 수 없다는 듯 포기하지만 끈덕진 사람은 끝까지 캐고 든다. 질문은 홍콩 등 별별 나라를 돌아 마지막에서야 "옳지, 그럼 당신은 코리안이군."한다. 이런 일을 한두 번 당한 게 아니다.

미국인들은 코리아라는 말을 까마득히 잊고 있었다. 미국 정부 동아시아 관계자야 물론 그렇지 않겠지만 일반인들이 이렇게 한국을 이해하지 못하고 있다 생각을 하니 한 가닥 비애마저 느껴졌다. 우리가 미국인을 생각하는 것과 그들이 한국인을 생각하는 건 이렇게 거리가 있었다.

미국인들은 1950년 한국전쟁이 일어났을 때 그들의 젊은 자제들을 보내 공산주의의 침략으로부터 한국을 구해주었다. 이 전쟁에서 미국은 약 178만 명을 파병했고 무려 3만 3,629명이 전사했다. 부상자도 10만 명에 달한다. 막대한 희생을 감수한 것이다. 더욱이 미국은 휴전 협정이 체결된 이후 한미 상호방위조약에 의해 한국이 또다시 침략받을 시 자동으로 이를 방위해야 하는 의무를 지고 있다. 매년 막대한 군사원조와 경제 원조를 제공하고 있는 것도 미국이다. 이처럼 밀접한 관계에 있는 양국이라고 생각하는데, 한국에 그렇게 관심이 없는 미국 민간인들의 모습이 의아심을 자아내게 했다.

### ─── 휴전 성립과 한미 조약

미국의 트루먼 대통령은 만주 폭격을 주장하는 맥아더 유엔군 사령관을 해임하면서까지 한국전쟁이 세계대전으로 확대되는 걸 경계했다. 그리고 그는 그 명분으로 한국을 다시 분할하는 휴전 교섭을 적극 추진했다. 1951년 7월 10일부터 시작된 휴전 교섭은 장장 2년이나 걸려 1953년 7월 27일에 이르러서야 결실을 맺었다. 그사이 전쟁의 치열함은 극으로 향했다. 중공군의 투입과 인해 전술로 양상이 바뀐 전쟁은 격화될 대로 격화되어 양측에 막심한 인적·물적 손실을 낳았다.

미국에서도 한국전쟁을 매듭짓는 일은 심각한 정치적 문제로 떠올랐다. 1952년 미국 대통령 선거에서 아이젠하워 당시 공화당 대통령 후보가 전쟁 종결을 공약으로 내걸 정도였다. 아무튼 타의에 의해 체결된 이 휴전 협정에 따라 한반도를 횡단하는 휴전선이 설정되었다. 그리고 경계선 양측에 각각 2km의 비무장지대가 설치되었다. 휴전 협정에는 유엔군 대표와 북한 측 대표가 서명했다. 하지만 유감스럽게도 한국은 휴전 협정에 서명하지 않았다. 우리 군이 유엔군의 지휘하에 있었기 때문이다. 사실 우리 정부는 휴전 협상 과정에서도 이를 반대하고 북진 통일을 요구했었다. 협정이 교착 상태로 빠지고 아무런 진전을 보지 못할 때마다 불만을 표시하기도 했다.

1953년 8월 덜레스 미 국무장관이 한국을 방문해 이승만 대통령과 변영태 외무장관을 설득한 끝에 한미 방위조약이 합의되었다. 전쟁 피해 복구와 경제 원조를 조건으로 하는 그 조약은 그해 10월 조인되었고 이듬해 1월 28일 미 상원에서 비준되었다. 이 조약에 따라 한국이 무력 침략을 받았을 때 미국은 여기에 대항해서 행동하게 되었다. 그리고 한국 또한 미국과 사전 협의 없이 일방적으로 군사 행동을 취할 수 없게 됐다. 불의의 침략을 받았던 한국은 미국을 비롯한 유엔군에 의해 구제되었지만 "대의제라는 평화적 수단에 의해 통일된 민주적 독립국가를 건설한다."는 UN의 목표를 이룩하지 못한 채 국토와 겨레가 양분되었다. 남은 건 비참한 전쟁 피해뿐이었다.

한국전쟁은 UN의 능력을 세계만방에 과시한 일종의 쇼케이스였다.

동시에 미국의 세계 정책에서 중대한 사건이기도 했다. 미국은 한국의 통일이라는 당초 목표가 좌절되자 휴전 이후 한반도 정책의 당면 목표를 다음과 같이 설정했다.

1. 미국은 현재의 휴전 협정 상태를 유지하는 동시에 한국에서 군사적 경계를 계속한다. 단 전쟁 재발은 피한다.
2. 자유와 민주주의의 성장이 특히 중요하다는 것을 인식하는 미국은 한국의 민주주의 세력을 정신적으로 지지한다.
3. 미국은 세계적 참극의 상징으로서 한국 민중의 희생을 인식함과 동시에 전화(戰禍)로 황폐된 국토의 부흥이 한국뿐 아니라 전 아시아에 있어서 중요하다는 것을 인식한다. 따라서 미국은 그 구제 및 경제 발전을 위해 계속해서 경제 원조를 제공한다.
4. 한국의 지리적 위치와 경제적 제약을 고려하여 미국은 한국이 일본 및 기타 자유세계 국가들 사이에 평화롭고 명예로운 관계를 수립할 것을 종용한다.
5. 미국은 앞으로도 한국의 통일 실현을 협의할 용의가 있으나 그것은 어디까지나 UN의 중개에 따라 해결되어야 하지 일방적이어서는 안 된다.

### 대한 원조와 그 변화

전쟁 전에도 미국은 총액 4억 달러에 달하는 원조를 한국에 투입하고 있었다. 그런데 한국전쟁으로 생산시설과 산업시설이 초토화되자 미국은 경제부흥을 위해 보다 적극적인 경제 원조를 제공했다. 그들은 1954년부터 매년 2~3억 달러의 원조를 제공했다. 그러나 우리나라는 전후에도 여전히 방대한 군비 지출을 해야만 했고, 그 때문에 경제는 쉽사리 정상궤도에 올라서지 못한 채 10년이란 세월을 보내야 했다. 나는 이것이 한국 정부의 부패와 무능, 그리고 여러 장애 요인도 작용했지만 무엇보다 미국의 원조가 한국의 경제 자립을 위한 중장기적 개발에 중점을 두기보다 구제 물자나 소비물자의 공급 등 단기적 경제 원조에 치중했다는 데 큰 원인이 있다고 본다.

전쟁이 끝나고 지난 10년 동안 우리나라의 경제 성장은 폭발적으로 늘어나는 인구를 도저히 감당할 수 없었다. 우리가 경제적 안정을 이루지 못한 그 시기, 미국은 국제수지의 역조 등으로 인한 대외 원조 정책의 전환이 불가피했다. 실제로 1960년대에 들어서면서 원조액이 감소하기 시작했다. 1957년 원조액은 운크라(UNKRA, United Nations Korean Reconstruction Agency. 1950년 12월 제5차 UN 총회의 결의에 따라 한국의 부흥과 재건을 돕기 위해 설립했던 기구다. 1958년 6월 업무를 유네스코로 이관하고 공식적으로 활동을 종료했다.) 원조를 포함해 약 3억 8,300만 달러였다. 그것이 1960년에는 2억 4,500만 달러, 1963년에는 2억 1,600만 달러 규모로 축소되었다. 미국의 원조는 점차 증여에서 차관으로 전환되어 가고 있다. 아마 수년 내에는 지원 원조 일체를 개발 원조로 전환하는 방향으로 나아갈 것이다. 한마디로 말해서 미국은 한국의 경제 안정을 촉구하고 대미 의존도를 낮추려는 움직임을 보이고 있다. 실제로 내가 미국에서 만난 정부 인사들, 국회의원들은 하나 같이 "미국이 한국에 무기한 원조를 해줄 수 없지 않느냐, 한국도 빨리 자립해야 한다."고 말하고 있었다. 물론 이건 맞는 말이다. 우리도 그 말을 '선의의 충고'로 받아들여야 한다. 그러나 그 충고의 저변에는 중대한 오류가 있다는 것 또한 지적하지 않을 수 없다. 그래서 나는 그들이 "빨리 자립해야 한다."고 말할 때마다 이렇게 대답했다.

"미국이 한국을 도와주고 있는 건 고마운 일이다. 그러나 그것은 한국을 위해서만이 아니지 않는가. 한국은 물론 자유 진영 공동의 이익, 멀리 봐서는 미국의 안전 보장을 위해서가 아닌가. 공산주의의 팽창을 막는 데 있어서 한국은 중요한 위치에 있다. 한국의 안전은 일본의 안전이고 아시아의 안전이고 더 나아가 미국의 안전이다. 그래서 당신들도 같이 방위하고 원조했던 것 아닌가. 그동안 한국이 제대로 자립하지 못한 건 자유세계의 공동 방어선이라고 할 수 있는 휴전선을 지키기 위해 막대한 국방비를 부담하고 있기 때문이다. 미국이 우리가 자립하기도 전에 성급히 원조를 줄이려고 하는 건 중대한 과오를 범하고 있는 것이다."

그러나 그들은 언젠가는 한국에 대한 원조를 끊는 방향으로 가고 있다. 우리는 그 현실을 직시해야 한다.

## ──── 한일회담과 미국

미국에게 한일 국교 정상화 문제는 휴전 직후부터 극동아시아 정책의 큰 몫을 차지하고 있었다. 그런데 그 필요성이 오늘날 더욱 절실해졌다는 걸 미국에 와서 느낄 수 있었다. 내가 만난 국무부 관리나 외교 정책 담당자들은 하나 같이 "한국이 조속히 이웃 나라 일본과 손잡고 살아가야 하고, 그러기 위해서는 지난날의 감정을 초월해 한일 간의 국교를 정상화해야 한다."고 강조했다. 그들의 공통된 관측은 자신들이 아직까진 중국의 UN 가입을 반대하고 있지만 머지않은 시기에 그들의 UN 가입이 불가피하고, 그들의 국제적 지위가 높아지기 전에 한일 국교를 정상화해야 아시아 문제에 영향력을 계속 행사할 수 있다는 것이었다. 그래서 미국 정부 관계자들은 한일 국교 정상화를 대단히 중요한 정책 과제로 보고 있었다.

미국인들 견해의 핵심은 '한국이 미국에 기대지 말고 일본과 협력해 경제 안정을 이뤄야 한다.'는 것이었다. 정부 관계자들은 물론 심지어 대학의 연구원도 같은 이야기를 했다. 스탠퍼드대학교의 유진 우(Eugene Wu) 박사는 "현대의 국제사회에서 고립주의는 금물이다. 한국은 미국의 우방이지만 태평양 건너 있는 미국보다 이웃에 있는 일본과 더 친하게 지내야 한다. 일본과 경제협력 관계를 맺고 한국의 우수한 노동력을 밑천으로 많은 외화를 유치하여 경제적 자립을 기하고 생활 수준을 향상하는 것이 가장 중요하다고 본다."고 말하기도 했다.

미국의 한일회담에 대한 태도를 이해하는 데 가장 도움이 되었던 건 코네티컷 출신 민주당 상원의원 토머스 도드(Thomas J. Dodd)가 9월 11일 상원에서 했던 발언을 통해서였다. 그는 이렇게 말했다.

"미 국무부도 주권 국가인 한일 양국이 국교 정상화에 합의하고 경제, 정치, 문화적 협조를 위한 길을 마련할 수 있을 것이라는 희망을 피력한 바 있다. 우리는 국무부의 이러한 입장 발표를 환영한다. 왜냐하면 한일 간의 화해는 그 지역 정치, 경제적 안정의 핵심이기 때문이다. 한국 개발 계획에 일본이 참여할 수 있는 길을 마련하는 데 있어서 일본과의 화해보다 한국에 유리한 것은 없을 것이다. 일본은 지리적 접근성과 과거 경험으로 말미암아 그 어느 나라보다 한국 경제 근대화에 긴요한 기술적 원조와 직접 투자를 제공하는 데 유리한 위치에 있다. 한일 양국이 과거의 적대관계를 청산하지 못하는 한 그 지역에 대한 중국의 침략에 대한 합리적 방어는 불가능하다. 과거의 적이 든든한 벗이 될 수 있음은 프랑스·독일 관계가 극적으로 실증한 바 있다. 한일 양국이 이들 유럽의 2대 강국이 보여준 선례를 따를 것으로 기대한다."

다른 많은 미국의 정치인들이나 시민들도 그랬지만, 도드 역시 한국의 대일 감정을 제대로 이해하지 못하고 있다. 사실 그들에게 그것을 희망한다는 건 국제 관계에서 관념이나 감정보다 실리를 더욱 중시하는 오늘날의 국제적 추세에서 더욱 어려운 일이다. 미국이 한일회담의 타결을 희망하는 건 단순히 한일 관계 정상화에 한정된 게 아니라 그들이 아시아에서 지향하는 '공산 세력으로부터의 방위' 문제까지 함께 고려하고 있기 때문이다. 따라서 도드 의원 역시 한일 간의 국교 정상화가 중국의 침략으로부터 스스로를 방어하는 데 큰 의의가 있다고 말한 것이다.

도드의 견해는 분명 한국의 대일 감정이나 일본의 공공연한 침범 같은 복잡한 사정을 충분히 이해하지 못하고 있다. 그러나 그런 발언이 미 당국의 종합적인 아시아 정책, 특히 극동 정책의 일환으로 추진되고 있다는 점만큼은 우리가 깊이 인식해야 한다. 실제로 미국의 한 국회의원은 사적인 자리에서 내게 이렇게 말했다. "미국이 이제 인구로는 중국의 70분의 1이고, 영토로는 1000분의 3에 불과한 대만의 국민당 정부를 '중국 대표 정권'이라고 우기기에는 무리가 간다. 따라서 미국은 대만의 안전이 보장되는 선에서 중국을 승인하고 그들의 UN 가입을 허용해야 할 것이다. 만일 UN 가입으로 중국의 위상이 높아졌을 때, 일본은 한국에 보다 냉담한 태도를 보일 수 있다. 중국이라는 커다란 시장이 구미를 돋울 것이기 때문이다."라고 말이다. 미국 외교 정책에 중요한 영향력을 갖는 인물인 풀브라이트(James W. Fulbright) 상원 외교위원장 역시 지난 3월 15일 벌써 상원 연설을 통해 "중국은 하나의 중국이어야 한다. 그리고 그 하나의 중국은 본토를 지배하는 중국이어야 한다. 대만의 생명만 유지된다면, 우리는 중국을 승인해야 한다."라고 말하기도 했다. 미국 정계에서는 흐루쇼프(Никита С. Хрущёв) 시대 미소 간 부단한 접촉으로 세계의 냉전을 완화했던 사실을 상기하고, 중국을 따돌려놓고 깡패같이 말썽을 부리도록 하기보다 차라리 그 존재를 인정하고 외교적인 협상을 통해 문제를 해결하는 게 평화를 위해 효과적일 거라는 생각들이 늘어가고 있다. 물론, 다시 집권한 민주당은 선거 과정에서 중국의 UN 가입을 반대한다고 못 박아두긴 했지만 말이다.

───── **아시아 방위 정책**

미국이 한일 국교 정상화를 서두르는 이유가 미국이 구상하는 아시아 방위 정책과 깊은 관련이 있다고 앞서 말한 바 있다. 그러면 미국은 팽창해 가려는 중국에 대항해 어떤 아시아 방위 정책을 구상하고 있는 걸까?

소련의 동유럽으로의 팽창이 오늘날 미국과 유럽의 관계를 밀접하게 만든 것처럼, 오늘날 중국의 핵실험 성공이 미국과 아시아의 관계를 더욱 긴밀히 할지도 모른다. 미국은 반공 진영이 강력한 민주주의 정치 체제를 확립하고 경제적, 사회적 기반을 강화해 중국의 공세에 대항할 수 있는 힘을 구축하는 쪽으로 아시아 정책을 짜고 있다. 그 구상이 일본을 중심으로 하고 있음은 두말할 나위 없다. 미국은 오늘날 일본의 능력을 크게 평가하고 있다. 적어도 중국을 견제할 만한 실력을 갖추고 있다고 보기 때문이다. 그래서 미국은 경제적으로나 군사적으로나 아시아에서 중국과 맞설 수 있는 건 일본이라는 전제하에 아시아 방위 정책을 구상하고 있다. 중국의 핵실험 성공 이후 일본의 재무장론이 대두되는 것도 같은 맥락에서다. 우리는 여기에 주목하지 않으면 안 된다. 이와 같은 아시아 방위 정책이 논의되고 있는 때에 미국 지식인들 사이에서는 위험한 사고방식이 노출되고 있다. 주소련 대사를 지낸 외교학자인 조지 케넌(George F. Kennan)은 포린 어페어스지에 기고한 '일본의 안전 보장과 미국의 정책'이라는 글에서 그 위험성을 보여주었다.

"대일 강화 조약에 대한 미국의 기본적 입장은 '① 일본이 공산주의 세력으로부터 침략적 위협을 받고 있으므로 그러한 위협을 제거하기 위해 미국이 항구적으로 일본에 주둔해야 한다 ② 한국에서 미군의 후퇴는 공산 측의 즉각적인 적대 행위를 초래할 것이기에 한국의 안전 보장은 일본의 안전 보장을 위해 필요한 동시에 일본에 있는 미군 기지들 또한 일본 본토의 방위뿐 아니라 한국의 안전 지원을 위해 필요하다 ③ 일본으로 하여금 미군의 일본 주둔이 일본 본토와 인접 국가들의 안보를 위해 필요하다고 느끼게 해야 한다.'라는 것이다. 그러나 그 후의 추세는 이러한 생각이 전부 잘못이었음을 입증했다. 왜 그러냐 하면 소련도 중국도 일본에 대해 군사적 행동을 할 계획이 없기 때문이다. 그러한 계획은 모스크바 당국에게는 하나의 모험에 불과하다. 중국으로서도 미소 간 분규에 개입할 의사가 없으며 일본의 산업 경제에 대한 지배 욕망이 크기는 하지만 군사적 직접 행동으로 나오지는 않을 것이다."

케넌의 이 글은 사견에 불과하지만, 영향력 있는 학자가 그런 글을 발표했다는 데 주의를 기울이지 않을 수 없다. 극동에서 더욱 강력한 방위 체제를 구상해야 하지만 일본에 미군이 주둔하는 것까지 이의를 제기하며 한국의 방위 문제를 아주 소홀히 다루고 있기 때문이다. 그는 일본과 중국이 관계를 밀접하게 조성할 것을 제의하고, 한일 간의 지속적인 긴장 상태가 미국으로 하여 정책을 전반적으로 재고하게 할 것이라고 경고하고 있다. 로버트 케네디 같은 이는 케넌의 주장을 사견으로 돌리고 "미국이 한일 관계의 정상화를 바라는 건 진정한 우방인 한국을 비롯해 양국의 공통적 이익이 되기 때문"이라고 안심시키고 있지만, 어쨌든 우리나라는 미국의 극동 정책이 그런 방향으로 오도되는 것을 막기 위해 각별히 신경쓰지 않으면 안 된다. 미국이 한국을 극동 방어권(애치슨 라인, Acheson line. 1950년 1월 미국 국무장관 애치슨은 태평양에서 공산주의를 저지하는 미국의 방위선을 알류샨 열도와 일본, 오키나와, 필리핀을 연결하는 선으로 정한다고 밝혔다. 이는 미국의 극동 방위선에서 한국을 제외시킴으로써 북한의 오판(6·25 전쟁)을 가져왔다는 비판을 받았다.) 외로 설정함으로써 공산 침략을 자초했던 일을 상기해야만 한다.

여기에 덧붙여 생각나는 건 일찍이 구한말 당시 시어도어 루스벨트(Theodore Roosevelt Jr.) 미국 대통령이 한반도에서 일본의 우위를 인정한

'가쓰라-태프트 조약'(1905년 7월 29일, 미국 루스벨트 대통령의 특사인 태프트 (William. H. Taft) 장관과 일본 총리 가쓰라 다로(桂太郞)가 도쿄에서 만나, 미국과 일본이 각각 필리핀과 조선에 대한 지배권을 인정하는 합의각서를 체결했다.)을 맺어 일본에 한국 병탄의 길을 열어주었다는 사실이다. 당시 루스벨트 대통령에게 비친 한국의 중요성은 일본에 견주었을 때 비교도 안 되는 정도였지만, 결과적으로 그는 일본의 한국 병합에 방조자로서 역할을 하게 되었다. 미국이 일본의 중요성을 강조하다가 이와 같은 과오를 재차 범하지 않기를 바란다.

### ──── 보다 가까운 우방으로

누가 뭐라든 미국 일반인들의 한국에 대한 관심이 없어지고 있는 건 부인할 수 없다. 미국은 공식적으로는 한일회담이 성사되더라도 대한 원조는 끊지 않겠다고 말하고 있으나 언젠가는 대한 원조를 끊는 방향으로 나아가려는 것도 사실이다. 사실 10년 전부터 그런 생각을 했는지도 모른다. 그러나 우리는 언제까지고 그 원조가 계속될 거라는 안일한 생각을 해 왔다. 이러한 정책 기조는 미국의 세계 정책의 일환일 수도 있지만 그들이 우리에게 걸었던 기대가 어긋난 점에도 일부 원인이 있지 않을까 생각한다. 미국의 한국 정책 목표는 민주주의 체제 확립과 자본주의 시장경제 질서 확립이었다. 그러나 이 두 가지 중 어느 한 가지도 달성되지 못했다. 우리나라는 미국 위정자들에게 '골치 아픈 존재'가 되어버렸다.

정치적으로는 그들이 가장 싫어하는 비정상적인 정권 교체, 즉 5·16 군사 쿠데타가 그들의 기대를 허물어뜨렸다. 이런 정변의 부작용에서 오는 불안정이 그들의 원조 의욕에 유·무형적 악영향을 주었을 것이다. 미국의 국력이 한국을 도와주는 데 인색할 정도는 아니다. 우리나라 1년 총예산 규모는 미국 시카고시의 절반도 안 된다. 미국의 농장들을 둘러보니 잉여농산물은 처치 곤란한 수준이었고 정부는 그들에게 보상금을 주며 생산을 억제할 정도였다. 그래서 미국은 많은 땅을 놀리고 있었다. 유전도 마찬가지였다. 이러한 생산 억제는 그들의 종합적인 경제 계획에서 이루어졌겠지만, 우리나라는 흉년이 져서 농산물을 더 달라고 하고 미국은 적게 주려는 꼴을 보니 씁쓸한 기분이 든 건 사실이다. 정치적 불안정은 미국 사업가들의 투자 의욕을 꺾는다. 내가 만난 미국의 몇몇 사업가들은 한국의 정치 불안 때문에 투자할 의욕이 없다고 명백히 말했다. 버몬트에서 유전과 정미소 등을 운영하는 카펜터 씨는 월남에서 공장을 하나 건설했다가 그곳의 정치 불안 때문에 골탕을 먹고 있다며, 정치가 불안한 지역에서 사업하는 건 아주 질색이라고 고개를 흔들었다. 마이애미에서 만난 한 사업가는 중국 본토에서 비행기 공장을 운영하다가 공산군이 밀고 내려오는 바람이 그걸 홀랑 빼앗겼고, 쿠바에서 갖고 있던 비료 공장은 카스트로에게 빼앗겼다고 했다. 그 이야기를 들으니 한 나라의 정치 불안이 이처럼 그 나라 발전에 악영향을 준다는 걸 뼈아프게 느낄 수 있었다.

지금 우리에게 가장 중요한 건 정치적 안정과 국민의 단결된 모습이다. 그리하여 외국인들의 투자 의욕을 높여야 한다. 미국이 원조를 줄여가는 마당에 민간 자본이라도 도입해서 이 나라 경제 자립을 이룩해야 하지 않겠나. 외국인들의 한국에 대한 그릇된 관념을 바로 잡고, 긴밀한 우방을 많이 만들어 국제사회에서 어깨를 나란히 해야 한다.

# 최대의 고민, 인종 갈등

세계 최대 번영을 누리고 있는 미국이지만 어두운 면이 없는 건 아니다. 그중에서도 백인과 흑인 간 인종 분규는 민주정치의 최선진국임을 자랑하는 미국의 가장 큰 골칫거리다. 90년 전 링컨이 흑인들을 노예 신분에서 해방시켰다. 그리고 케네디는 민권법을 제정했다. 그러나 미국 내에서, 특히 남부지방의 흑인에 대한 박해는 여전하다. 이에 흑인들도 폭력적으로 대응하고 있다.

나는 남부 지역의 인종 갈등 실태를 알아보기 위해 시카고에 본부를 둔 한 흑인 인권 단체를 찾아가 학생 지도자들을 만났다. 그 단체에는 백인 학생들도 많았다. 그들의 말을 들어보니 미시시피주 어느 지방에서는 이번 대선에서 흑인 유권자가 총 1만 5천 명인데 백인들이 방해하는 바람에 300명밖에 유권자 등록을 하지 못했다고 한다. 그곳에서는 흑인 학생 3명이 행방불명된 사건도 있었다고 한다.

시카고에 있는 흑인 차별대우반대 학생단체 본부를 찾아, 이 단체의 간부들과 같이

미시시피주에서 있었던 갈등은 민주당 전당대회로까지 번졌다. 미시시피주 민주당은 주 대의원단을 백인만으로 구성해서 애틀랜틱 전당대회에 파견했는데, 흑인들이 별도로 대의원단을 보내 "흑인도 대의원에 포함하라."며 데모를 벌였던 것이다. 중앙당은 흑인 대의원단을 옵서버로 참석할 것을 인정하되, 그들 중 2명에게만 투표권을 주었다. 단 다음 전당대회가 열리는 1968년까지는 전당대회 규약을 개정하여 인종·종교 등 어떠한 차별도 없이 대의원단을 조직하겠다는 타협안을 도출했다. 그런데 이 타협안은 백인과 흑인 모두에게 거부되었다. 결국 미시시피 대의원들은 전당대회에 참석하지 않았다.

이와 같은 인종 갈등이 가까운 장래에 해결될 것 같지는 않다. 가뜩이나 미국 인구에서 흑인이 차지하는 비중이 커지고 있고, 그들의 출산율이 백인보다 높은 형편이다 보니 앞으로 100년쯤 지나면 미국 대륙에서는 흑인 수가 백인보다 많아질지도 모르겠다. 그때가 되면 흑인 대통령이 나올 수도 있다. 오늘날 '흑인 문제'라고 말하는 것들이 '백인 문제'로 제목이 바뀔지도 모르겠다. 어쨌든 이 문제가 두고두고 미국의 고민거리로 남을 거라는 점만은 틀림없다.

# 테네시 유역의 기적

우리는 기적이라는 말을 흔하게 사용한다. 이 기적이란 말을 쓰기에 가장 적합한 장소가 있다면 바로 미국 테네시강이 아닐까 싶다. 나는 지난 7월 7일부터 며칠간 테네시주 녹스빌(Knoxville)에 있는 테네시강 개발공사(TVA, Tennessee Valley Authority)를 방문해 테네시강의 개발 현장을 둘러보았다. 특히 테네시강 곳곳에 만들어진 27개의 댐 중 규모가 가장 큰 노리스댐(Norris Dam)을 보고는 인간의 위대한 능력에 새삼 놀라지 않을 수 없었다.

TVA는 미국 대공황 당시 프랭클린 루스벨트 대통령이 실업자를 구제하고 전력의 독점을 막는 한편 테네시강 유역의 홍수를 막기 위해 국영사업을 추진하면서 만들어졌다. 자유시장경제에 모순된다는 비판을 받기도 했지만 TVA는 발족한 지 30년이 넘는 오늘날까지 사업을 확장해 가고 있다. 물론 사업에 대한 비판도 계속되고 있다.

TVA 관계자의 말에 따르면 테네시주를 비롯하여 도합 7개 주를 걸쳐 흐르는 테네시강에 건설된 댐이 27개에 달하며 거기에서 생산되는 전력의 출력은 1,300만 KW라고 한다. 1963년도 전력 총생산량은 670억 KW였다.

30년 전만 해도 테네시강은 인간을 괴롭히는 일종의 재해였다. 그런데 TVA가 개발을 시작하면서 이 장강은 인간을 위해 헌신하는 강이 되었다. 주변 땅을 기름지게 했고 350만여 명의 국민들에게 큰 혜택을 주고 있다. 큰비가 내릴 때면 TVA 중앙관제소의 지령에 따라 각 지류 댐에서 수문을 조절한다. 각 산간 계류에는 우량이나 수량이 중앙관제소에 자동 보고될 수 있도록 각종 설비가 설치되어 있다. 강이 신경을 가진 셈이다.

내가 현장을 둘러본 1964년 7월 현재 1만 7천 명의 직원들이 계속해서 건설 사업을 추진하고 있었다. 그 결과, 이 큰 강은 마치 도로처럼 사람들의 통행을 편리하게 했다. 강물을 따라 대형 화물선이 자유로이 운항했고, 강변에는 새로운 도시와 항구들이 건설되었다. 곡물 운반시설과 제분소, 송유시설들이 언덕을 따라 신설되며 수많은 일터도 생겼다.

TVA는 발전소나 댐뿐 아니라 비료 공장, 농장 등 관계 시설들도 직접 경영했다. TVA 안내직원을 따라 둘러본 작은 시험 농장은 8만 평이나 됐는데 그곳의 젖소 150마리가 1년에 3만 달러의 수입을 안겨다준다고 했다. 그들은 이렇게 많은 돈을 벌며 사업을 확장해 나갔고, 각 주 정부에 바치는 세금만 해도 1년에 8천만 달러에 이른다.

프랭클린 루스벨트 대통령이 많은 독점 자본가들의 강력한 반대를 무릅쓰고 이와 같은 방대한 사업을 성공시켜 미국을 대공황에서 구제한 역사를 음미해볼 필요가 있다. 그가 취임한 1933년 3월 4일, 미국은 경제공황으로 중대한 위기에 놓여 있었다. 당시 미국에서 네 명 중 한 명이 실업자였다. 옛날 같았으면 검은 연기로 하늘을 뒤덮었을 공장이 모두 문을 닫았고, 시민들은 굶주리다 못해 쓰레기통에서 먹을 것을 찾아 헤맸다. 1929년 월가의 주가 폭락 이래 수천 개의 은행이 문을 닫았다. 경제적 위기가 세계를 휩쓸자 독일에서는 히틀러가 중무장을 추진했고 일본은 만주를 호시탐탐 노리는 등 전쟁의 망령이 고개를 들었다. 그때 루스벨트 대통령은 미국의 고전적 자본주의와 배치되는, 기업에 대한 통제를 과감히 단행해 그 위기를 극복했다. 대표적인 정책이 바로 테네시강 개발공사 설립이었다. TVA는 독점 자본가들의 전력 독점을 막았다. 그것은 독점 자본가와의 투쟁이기도 했다. 그들은 루스벨트를 사회주의자라고 공격했다. 그에 대한 비판은 내가 미국을 방문했을 때에도 들을 수 있었다. "루스벨트의 배후에 공산주의자가 있다."는 식이었다. TVA 직원들은 사업 초기엔 테네시강 유역 주민들도 루스벨트에 반대했다고 했다. 자신들에게 올 큰 이익을 몰랐기 때문이다. 그러나 지금은 주민 누구도 이 거대한 기적을 반대하지 않는다.

나는 서범석 의원과 함께 테네시강 유역의 아름다움과 풍성함을 보면서 나날이 헐벗고 황량해 가는 조국의 산하를 떠올렸다. 내가 우리나라에서 이륙할 때 비행기에서 내려다본 조국의 산하는 붉은빛이었다. 산은 벗겨졌고 강은 홍수에 밀려든 토사로 탁하기만 했다. 그 헐벗은 산을 푸르게 해서 홍수를 예방하고, 황무지를 기름진 농토로 바꿀 수 없을까 하는 생각에 나의 상념이 자꾸만 고국으로 달려갔다.

민주당은 정권을 잡았을 당시 국토 건설 사업의 대대적 전개를 계획했다. 그러나 불행하게도 이는 군사 정변으로 엎어졌고, 군사정권은 그 아이디어를 가지고 국토 개발을 하겠다고 했으나 어느 하나 제대로 해 놓은 게 없다. 테네시강 개발 사업의 혜택을 받는 지역은 우리나라 국토 전체보다 넓다. 이 넓은 지역을 신천지로 만든 건 미국의 국력도 있겠지만 막대한 노동력을 잘 활용한 것도 있을 것이다. 우리에게는 비록 자금은 없지만 노동력은 풍부하니 이를 잘 활용하면 국토를 테네시강 유역처럼 비옥하게 할 수 있지 않을까. 그러나 현실은 일제강점기에 착수한 진주 남강댐 공사조차 해방이 된 지 20년이 다 된 오늘까지도 완성은커녕 제대로 된 공사도 못하고 있는 판이다.

여담이지만 이 TVA 사업은 인간이 자연을 극복하는 하나의 교과서처럼 되어버렸다. 세계 각국에서 TVA 사업을 배우기 위해 이곳 현장으로 오고 있다. 내가 묵은 녹스빌의 한 호텔도 TVA를 견학하기 위해 세계 25개국에서 온 기술자, 교수 혹은 전문가들로 만원을 이루고 있었다. 한국, 이집트, 인도, 태국, 콜롬비아 등 각국 사람들이 왔는데 우리나라에서는 경제기획원에서 2명이 와 있었다. 소련에서는 7명의 기술자가 왔는데 그중 2명이 필요 이상으로 사진을 찍다가 간첩 혐의로 추방됐다는 얘기가 화제가 되고 있었다.

# 자동차의 도시
# 디트로이트

8월 15일 미국 5대 도시 중 하나이며 자동차 생산 도시로 유명한 디트로이트시에 도착했다. 포드 자동차 공장을 보기 위해서였다. 디트로이트는 미시간호와 휴론호 사이의 반도에 있는, 산림 목재를 이용해 화물 마차를 제조하는 마을에서 출발한 도시다. 20세기 초 포드가 이곳에 자동차 공장을 건설하고 나서부터 자동차 공업이 성장하기 시작했고 여기에 각종 부품 하청 공장이 들어서면서 자동차 공업의 중심지가 되었다. 현재 인구는 약 400만 명으로 미국에서 네 번째 가는 도시이다.

나는 포드 공장을 돌아보고 그 규모와 크기, 기술집약적 작업 방식에 경탄하지 않을 수 없었다. 공장 부지는 약 407헥타르(약 4.07㎢), 종업원은 3만 명에 달했다. 공장은 하나의 도시라고 해도 과언이 아니었다. 수도국과 가스국이 있었고 그 안에 경찰서도 존재했다. 경찰들은 약 300명 내외였는데, 그들은 공장 내 교통정리와 그 밖의 질서 유지 업무를 맡고

헨리 포드 박물관 - 필자 뒤에 보이는 차가 루스벨트 전 대통령이 타던 차

있었다. 주차장은 무려 65개소나 된다고 했다. 하루 2만 대의 자동차가 12개 문으로 출입했다.

포드에서는 하루에 약 8천 대의 차량이 생산되었다. 이것들을 만들기 위해 하루에 6천 톤의 철광석과 1천 톤의 석회, 8백 톤의 석탄을 사용한단다. 자동차 조립은 컨베이어벨트를 중심으로 짜였다. 무수한 지선 컨베이어에서 부품들이 조립되었고, 그것이 공장을 관통하는 본선 컨베이어에 합류되어 최종적으로 자동차가 완성되었다.

포드의 설립자 헨리 포드의 손자인 벤슨 포드가 경영하고 있는 이 공장은 1915년 건설이 시작되었는데 여전히 확장해가는 중이었다. 나는 공장 시찰을 마치고 포드 박물관에 가보았는데, 여기에는 자동차를 비롯한 모든 '수레의 역사'를 알 수 있는 자료가 풍부하게 마련되어 있었다. 자동차왕 헨리 포드의 전기적 자료도 물론 진열되어 있었다. 특히 포드 부부의 애정을 그린 두 장의 그림이 눈길을 끌었다.

헨리 포드는 19세기 말 미시간주 디트로이트시에 있는 어느 전등 회사의 젊은 기사였다. 주급 11달러를 받는 노동자였던 그는 매일 10시간을 근무하고 집으로 돌아가서는 창고에 틀어박혔다. 새로운 엔진 제작을 위해서였다. 농부였던 그의 아버지는 그에게 "쓸데없는 짓 한다."며 꾸중하기 일쑤였다. 마을 사람들은 엉뚱한 그를 비웃었다. 단 한 사람만이 그를 응원해주었는데 바로 그의 아내였다. 그녀는 꾸준히 포드의 일을 거들었고 추운 겨울밤에는 석유등을 들고 옆에 서 있기도 했다. 포드의 눈물 나는 노력은 3년이나 계속되었다. 그렇게 서른 살이 되던 1893년 어느 날, 그는 마을 사람들이 들어보지 못한 요란한 소리를 내며 밖으로 나섰다. 바로 자동차 엔진 소리였다. 마차가 아닌 자동차에 올라앉아 거리를 달리는 포드 부부의 모습을 마을 사람들은 신기하게 바라보았다. 여기에서부터 자동차왕 헨리 포드의 신화가 시작되었다.

 이들 부부와 관련해 유명한 이야기가 있다. 누군가 포드에게 "다음 세상에 다시 태어나면 뭐가 되고 싶냐?"고 물었는데 이때 포드의 대답이 걸작이었다. 그는 "나의 아내와 같이 살게 된다면 뭐든지 해도 좋다."고 말했다고 한다.

# 미국인들의 친절

―― 마이애미의 매케이 여사

미국인들은 친절하다. 나는 그들의 친절을 접하며 친절이라는 게 인간 사회를 얼마나 아름답게 만드는지 새삼 느꼈다. 미국인들은 개인과 개인 사이에 아무 장벽이 없다. 초면이라도 자유롭게 말을 걸 수 있고 길을 물으면 자기 일을 제쳐놓고서라도 가르쳐 준다. 그들이 "Excuse me(실례합니다)."라는 말을 입에 달고 사는 것도 인상적이었다.

미국에 있는 2개월간 여러 곳에서 사람들의 친절한 대접을 받아 객지에 왔다는 느낌이 안 들 정도로 즐거웠다. 그중에서도 특히 아름다운 해변 도시 마이애미에서 만난 매케이 여사는 정말 잊을 수 없다. 나와 서범석 의원은 국무부 마이애미지부의 소개로 그곳의 대부호인 매케이 가문에 초대됐었다. 매케이 여사의 아버지는 공화당의 유력 당원인 동시에 비료 공장, 자동차 공장에 사탕수수밭만 해도 5만 8천 에이커를 소유한

마이애미주 앵무새 정글 - 필자와 매케이 여사와 서범석 의원

대부호였다. 앞서 중국 본토에 비행기 공장을 가지고 있다가 공산당에 빼앗기고 쿠바에 비료 공장을 가지고 있다가 카스트로에게 몰수당했다는 사업가가 바로 매케이 씨였다.

우리 일행이 매케이 가문에 초대되었을 땐 마침 공화당 전당대회가 열리는 중이라 그녀의 아버지는 샌프란시스코에 가고 없었고 대신 매케이 여사와 그녀의 남편이 우리를 맞아주었다. 여담이지만 매케이 여사는 공화당의 골드워터를 지지한다고 했다.

마이애미에 머무는 며칠 동안 매케이 여사는 손수 운전하며 우리에게 마이애미 구석구석을 구경시켜 주었다. 국무부가 별도로 준비해 놓은 자동차가 있었지만, 그녀는 자기 차로 다니자며 마이애미 인근의 인디언 마을이며 자기 농장 등을 안내해 주었다. 화려한 자가용 유람 요트도 타 봤는데 정말 즐거운 시간이었다.

매케이 여사는 우리가 마이애미를 떠나는 날까지 공항에 차로 데려다 주며 호의를 베풀었다. 그리고 1개월 뒤 시카고에 머물고 있을 땐 인정 넘치는 편지와 그곳에서 찍었던 사진들을 함께 보내주었다. 나는 마이애미에서 떠나올 때 조촐한 핸드백을 하나 선물했을 뿐이었다. 그녀의 친절에 제대로 보답했는지는 모르겠다.

### ─── 뉴올리언스의 신사

뉴올리언스시에서 친절한 또 한 사람을 만났다. 토요일이었다. 서울에 부칠 편지를 들고 우체국에 갔는데 문이 굳게 닫혀 있었다. 미국에서는 토요일까지 공휴일이 되어 우체국이 쉰다는 사실을 미처 생각 못했기 때문이다. 호텔로 돌아오는 길에 어느 신사를 만나 "왜 우체국 문이 닫혀 있느냐?"고 물었더니 간단한 대답이 되돌아왔다.

"오늘은 토요일인걸요."

가볍게 인사를 하고 발길을 옮기려는데 그 신사가 "우체국엔 왜 갔느냐, 내가 도와드릴 게 없느냐?"고 물었다. 내가 편지의 부피가 커서 우체국에서 무게를 달아본 뒤 부치려고 한다고 했더니 그는 자기 사무실로 가자고 했다. 나를 사무실로 데리고 간 그 신사는 직원을 시켜 편지의 무게를 재보라고 지시했고, 지인에게 전화를 걸어 한국까지의 우편 요금을 알아봐 주었다. 보통 편지는 25센트면 되지만 내 건 무거워서 1달러짜리 우표를 붙여야 한다고 했다. 나는 그 자리에서 1달러를 주고 우표를 얻어 편지를 부쳤다. 물론 우리나라였다면 우표까지 공짜로 주는 경우가 많았겠지만, 그들은 친절과 계산은 엄격히 구분하는 것 같았다.

우리도 이처럼 미국인들의 친절을 배웠으면 좋겠다고 생각했다. 국민 한 사람 한 사람의 친절이 훌륭한 민간 외교가 된다. 당연히 주변 사람들에게도 친절해야겠지만, 우리나라에 방문한 외국인들에게 가능한 한 최고의 친절을 베풀기 위해 노력해보는 건 어떨까.

# 소도 맥주를 마시는
# 동네 몬태나

세계는 바야흐로 맥주의 시대로 들어선 것 같다. 구미지역 각국에서는 어디를 가나 맥주를 마신다. 마치 우리가 냉수를 마시듯 말이다. 심지어 미국에서는 소까지 맥주를 마시는 판국이니 말할 것도 없다.

미국의 소는 생애의 마지막 단계에서 맥주를 즐긴다. 몬태나주 어느 목장에 들렀을 때 그곳의 축산업자로부터 "미국에서는 소를 도살하기 1개월 전부터 맥주를 먹인다."고 들었다. 물론 그것이 소에 대한 존중 차원에서 그런 건 결코 아니다. 미국인들의 식성이 질긴 소고기를 싫어하기 때문이다. 소가 풀을 많이 뜯고 운동을 많이 하면 고기가 질겨진다. 그래서 도살하기 1개월 전부터 소들에게 맥주를 먹여 운동을 못 하게 한다. 맥주를 몇 통 마신 소는 얼큰히 취해 천하태평 누워서 뒹군다고 한다. 그렇게 되면 소고기가 부드러워지고 맛있다는 것이다. 물론 죽기 직전의 '최후의 성찬'이지만 이쯤 되면 미국에서는 소 팔자도 상팔자다.

맥주 이야기가 나왔으니 말이지만, 미시간주의 앤아버(Ann Arbor)라는 곳에서는 21세(미국은 만 21세부터 음주 가능)가 되는 청년들이나 생일인 손님에게 맥주를 무료로 주는, 자그마치 120년이나 된 맥주 홀이 있었다. 그곳에서 우리 유학생들과 맥주를 마신 적이 있다. 그 집은 주로 대학생들을 대상으로 맥주를 파는데 대학생이라 하더라도 21세 미만에게는 술을 팔지 않는다. 21세가 되어 처음으로 오는 손님에게는 맥주를 무료로 주고 테이블에 그의 이름을 새긴다. 그렇게 120년 동안 이름을 새긴 낡은 테이블이 홀 천장에 매달려 있었다.

이야기가 다른 길로 새는 것 같지만, 프랑스에서는 맥주와 포도주가 물보다 싸다. 물은 한 병에 미화로 20센트가량인데 맥주나 포도주는 한 병에 약 15센트 내외다. 우리는 맥주나 포도주보다 귀한, 맑고 맛있는 물을 무진장 가지고 있으면서도 왜 그렇게 가난할까? 서독이나 덴마크 같은 곳들은 우리가 마시는 그 좋은 물을 마시지 못해 맥주를 식수처럼 마시고 있는데 말이다. 너무 흔해 빠져서 그런지는 몰라도 서독의 맥주는 우리나라 맥주보다 맛도 없고, 우리나라 물보다는 당연히 못 했다.

# 인권보다 웅권이 잘 보장된
# 옐로스톤 국립공원

그 유명한 옐로스톤 국립공원에 가봤다. 몬태나주의 미줄라(Missoula)시에서 아침 8시에 자동차로 출발해 오후 3시까지 7시간이 걸렸다. 이 고원 지대로 오는 도중에 수많은 목장이 눈에 들어왔다. 수천 마리의 소와 수천 마리의 말, 그리고 수천 마리의 양 떼가 평화롭게 평원에서 노닐고 있었다.

옐로스톤 국립공원 일대는 산들이 금강산같이 아름답고 심지어 온천도 있다. 이 온천은 깊은 바위틈에서 솟아나는데 그 뜨거운 물이 약 20미터나 솟아오른다. 그걸 보기 위해 수많은 관광객이 모여든다.

여기에서 곰을 마주친 적이 있다. 옐로스톤의 한 호텔에서 얼마 떨어지지 않은 신작로였다. 처음에는 깜짝 놀랐다. 그런데 놀랄 일이 아니었다. 이곳에서 곰은 보호 대상인데 그런 이유에서인지 곰도 사람을 겁내지 않고 사람들도 곰을 무서워하지 않았다. 오히려 아주 친밀했다. 곰이

먹을 것을 달라고
관광객의 차에 다가오는 곰

　자동차 앞에 와서 먹을 걸 달라고 앞발을 내밀면 사람들은 으레 땅콩이나 과자를 던져주었다. 그걸 받아 든 곰은 점잖게 돌아갔다.
　옐로스톤에서는 곰이 길바닥에서 낮잠을 자는 게 예사다. 어디든 차를 세워두면 찾아오기도 한다. 차 문을 열어놓고 볼일을 보고 돌아와 보면 차 안에 곰이 들어가 있다는 얘기도 있다. 먹을 걸 주지 않으면 차에 매달려 억지를 부린다고 한다. 내가 탄 차에도 곰이 머리를 쑥 들이밀어 화들짝 놀란 적이 있다. 그런데 미국 사람들은 우스워 죽겠다는 표정을 지었다.

 이곳의 곰들은 사람을 해치지 않는다. 물론 사람도 곰을 해치지 않는다. 어쩌다가 곰이 사람을 해쳤을 땐 그 곰을 붙들어 전과 표시를 한 뒤 몇백 마일 밖으로 귀양보낸다. 그러나 죄지은 곰은 결국 다시 고향으로 돌아오기 마련이다. 돌아와서 또다시 범죄를 저질러도 유배형이다. 세 번째에 이르러서야 사형에 처해진다. 이쯤 되면 웬만한 나라의 인권보다 옐로스톤의 웅권(熊權)이 잘 보장되어 있는지도 모르겠다.

구경거리가 된 인디언과 함께

# 동전의
# 메커니즘

미국, 영국, 독일, 프랑스같이 기계화가 잘 된 나라들을 다녀보고 나서 동전에 대한 가치관을 달리하게 됐다. 우리나라에서 동전이라고 하면 돈으로 생각하지 않을 정도로 그 가치가 희박하다. 그런데 이 나라들에서 동전은 화폐 이상의 가치를 발휘하고 있었다. 동전으로 생활해야 할 판이었다. 일상생활에 필요한 물건은 거의 모두 자동판매기로 판매되고 있었기 때문이다. 실제로 담배를 비롯해 가벼운 식사나 케이크 등이 모두 자동판매기로 판매되었다. 역 대합실처럼 대중이 모이는 곳이라면 어디든 자동판매기가 있었다. 증명사진도 무인 사진기에서 2분이면 나왔다. 나도 뉴욕에서 유럽으로 가는데 필요한 증명사진을 이 '무인 사진사'에게 부탁했다. 기계 안 의자에 앉아 25센트 동전을 구멍에 밀어 넣었더니 2분 후 4매의 증명사진이 나왔다. 프랑스 파리에서도 무인 사진기의 신세를 진 적이 있다.

미국의 기계화는 이뿐이 아니다. 보험 가입도 기계로 처리되곤 했는데 이를 처음 보는 나로서는 놀라지 않을 수 없었다. 어느 비행장이든 이 '자동 보험 가입기'가 있다. 50센트만 넣으면 보험 카드가 나오는데 거기에 주소, 성명을 쓰고 사인을 한 뒤 넣어두기만 하면 된다. 50센트로 2천 달러짜리 보험에 가입하는 것이다. 공공화장실도 10센트 동전을 넣어야 문이 열리니, 미국에서는 정말 동전 없이는 살 수 없다.

반면 신문 판매기는 너무 허술하다. 깡통 같은 돈통이 그냥 놓여 있고 그 옆에 각종 신문이 쌓여 있다. 행인들은 필요한 대로 신문을 집어 들고 깡통 안에 5센트만 넣어놓는다. 좀도둑이 있다면 깡통째 들고 달아날 법한데 그런 일은 잘 없는 듯했다. 재미있는 건 이곳에선 노숙자도 돈을 넣고 신문을 가져간다는 것이다. 그리고 보니 이 부자 나라에도 노숙자가 있다는 게 신기했다. 신사복을 차려입은 노숙자가 돈을 달라고 하는 경우는 있어도 신문 깡통의 도난 사고는 없는 모양이다.

# UN이
# 검어졌다

 UN이 검어졌다. 이것은 오늘날 UN을 표현하는 가장 적절한 말인지도 모른다. 1945년 6월 26일, 샌프란시스코에서 50개국 대표가 "세계 평화와 안전을 위해 노력한다."라는 UN 헌장에 서명한 이래 19년이라는 세월이 흘렀다. 그동안 세계는 변모했으며 그 변화는 뉴욕 UN 본부에 선명하게 드러나고 있었다.
 8월 28일 UN 본부에 방문하면서 나는 UN이 검어졌다는 걸 직감적으로 느낄 수 있었다. 본부 안에 흑인들이 눈에 띨 만큼 많아진 것이다. 이는 제2차 세계대전 이후 아프리카 식민지들이 속속 해방되어 독립 국가로서 UN에 가입하면서 생긴 변화였다. 세계 정치 무대에서 흑인들의 발언권이 강화되어 가고 있는 역사적 흐름을 상징적으로 나타내는 장면이기도 했다. 그도 그럴 것이 50개국으로 출발했던 UN의 회원국은 벌써 113개국으로 늘었다. 그중 58개국이 아시아와 아프리카의 나라들이다.

UN의 세력 분포는 해가 갈수록 이렇게 변하고 있다. 우리나라가 대(對) UN 외교에 있어 아프리카 신생국에 힘을 기울이고 있는 이유도 여기에 있다. 미국 어디에서나 인종 차별이 존재하고 흑백 분규가 심하지만 UN 본부만큼은 인종차별이라곤 찾아볼 수 없는 평화롭고 자유로운 성지(聖地)인 것 같다. 한 발짝만 밖으로 나가도 흑인들이 차별받지만 UN 본부 안에서는 흑인이든 백인이든 할 것 없이 서로 어깨를 재고 큰소리를 친다.

UN의 예산은 회원국의 국민 소득에 따라 분담하는데 아무래도 가장 잘 사는 미국이 전체 UN 예산 중 약 3분의 1을 부담한다. 그러나 UN에 대한 미국의 영향력은 초기에 비해 많이 약화되었다.

UN 본부를 한 바퀴 돌아본 나는 113개국의 깃발이 펄럭이고 있는 가운데 태극기가 없다는 사실에 비애를 느끼지 않을 수 없었다. 국제적으로 우리보다 입지가 훨씬 좁은 아프리카 국가들도 그들 조국의 깃발을 높이 올려놓고 흩날리게 하는데 우리는 아직 이 대열에 못 끼고 있지 않은가. UN 총회가 한국을 승인했고, 한국전쟁 때는 유엔군이 우리를 지켜줬음에도 불구하고 우리는 아직 UN에 가입하지 못하고 있다.

UN과 혈맹이라고 할 수 있는 우리가 정작 UN에 가입하지 못하고 있는 이 엄연한 현실 앞에서, 나는 우리가 차라리 UN 가입을 서두르기보다 다가올 통일에 대비할 경제적 실력을 갖추는 데 힘써야겠다고 마음을 먹었다. UN 회원국 중 아프리카 국가들이 늘어난다고 해서 아프리카에 대한 외교를 강화하려고 노력하기보다 차라리 그 노력을 경제외교에 돌리는 게 보다 실리적이지 않을까 하는 생각이다.

# 미국
# 뒷이야기

### ─── 태극기가 그리웠다

미시시피강에서 태극기가 무척 보고 싶었다. 7월 19일이었다. 우리 일행은 미국 최대 강인 미시시피강 위에서 국무부가 베풀어준 유람선 뱃놀이에 초대된 적이 있다. 즐거운 하루였지만 한편으론 우울한 마음을 금할 수 없었다. 미시시피강에는 세계 각국의 화물선이 저마다 자기 나라 물건들을 싣고 드나들고 있었기 때문이다. 특히 그 화물선들은 뱃머리에 자국의 국기를 높이 걸고 왕래했는데 일본은 물론 대만, 심지어 유고슬라비아의 깃발도 보았지만 우리 태극기는 온종일 살펴봐도 볼 수 없었다. 그래서인지 더욱 태극기가 보고 싶었다. 그때 만일 태극기 단 배를 하나라도 봤더라면 만세삼창을 불렀을 것이다.

### 백만장자촌

미국에는 '백만장자촌'이 있다. 말 그대로 백만장자들만 어울려 사는 마을이다. 나는 마이애미와 로스앤젤레스에 있는 백만장자촌에 가봤는데 마치 옛날 성과 같은 인상이었다. 그곳의 부자들은 사설 경찰까지 고용해 집을 지키고 있었다. 그런 마을에 흑인은 발도 못 붙인다. 부동산 중개업자가 흑인을 소개했다가는 큰 소동이 벌어진다고 한다. 백인들이 그들과 같이 살기를 꺼리기 때문이다. 백인들은 동네에 흑인이 들어오면 집값이 내린다며 반대한다고 한다. 이웃에 대한 가장 큰 협박이 "내 집을 흑인에게 팔겠다."는 말이라고 하니 그들도 참 어지간한 모양이다.

로스앤젤레스의 백만장자촌에는 유명한 영화배우의 집도 많았다. 엘리자베스 테일러가 소유했던 큰 호텔도 보았다. 그 호텔은 엘리자베스 테일러가 처음 시집갔을 때 그녀의 시아버지로부터 결혼 선물로 받은 거라고 한다. 그 마음씨 좋은 시아버지가 오늘날의 호텔 왕 힐튼이었다는 데 놀라지 않을 수 없었다. 세계적인 도시 치고 힐튼 호텔이 없는 곳을 못 봤는데, 그 많은 호텔의 사장이 바로 엘리자베스 테일러의 첫 시아버지였던 것이다.

### 미스 필리핀의 마음씨

8월 14일 TV로 롱비치에서 열린 세계 미인대회를 구경하는데 '미스 인터내셔널'에 당선된 '미스 필리핀'이 인상적이었다. 그녀는 고운 마음씨 덕택에 당선된 것 같다. 결선을 앞두고 예선에서 올라온 15명의 후보자 인터뷰가 있었다. 미스 필리핀은 당선되면 어떻게 하겠냐는 질문에 "우리나라를 위해 당선되고 싶다."며 "당선 상금을 마닐라의 집 없는 가난한 어린이들에게 집 지어주는 데 쓰고 싶다."고 했다. 반면 예선에서 올라온 미스 코리아는 "시집가서 훌륭한 아내가 되겠다."고 했고, 미스 아메리카는 "상금으로 공부하고 남는 돈을 세계일주에 쓰겠다."고 했다. 역시 한국인, 미국인 다운 사고방식이었다. 미스 인터내셔널은 결국 마음씨 고운 미스 필리핀에게 돌아갔다. 아마 심사위원들도 그 마음씨에 끌렸는지 모르겠다. (이 대회에서 우승한 젬마 크루즈(Gemma Cruz)는 귀국 후 실제로 청소년들을 위해 1만 달러를 기부했고 그 공로로 대통령 훈장을 받았다. 훗날 필리핀 관광청 장관을 역임했다.)

### ——— 금문교와 자살

미국같이 잘 사는 나라에서도 자살하는 사람들이 있다고 한다. 세계적으로 유명한 금문교도 자살자들의 명소가 되고 있다고 한다. 내가 샌프란시스코에 머물 때도 한 목사가 그 높은 금문교에서 뛰어내렸다는 이야기를 들었다. 한 해에 수십 명이 이 자리에서 생을 마치려 한다. 그래서 길이가 3km나 되는 이 다리에는 자살하려는 사람들을 막기 위해 많은 형사가 배치되어 있다.

금문교에서 해수면까지 높이는 73m나 된다. 일단 뛰어내리면 살 가망은 거의 없다. 특히 이곳 바다에는 상어가 자주 출몰해 한번 투신하면 찾기도 어렵다고 한다.

금문교는 27년 전 조셉 스트라우스(Joseph Strauss)라는 사람에 의해 세워졌다. 길이가 3km나 되는 다리에 기둥은 겨우 두 개뿐인데, 그 당시 돈으로 자그마치 3,500만 달러가 들었다고 한다.

### ──── 스위치를 꺼라

생산을 억제해야 할 정도로 물자가 풍부한 나라가 미국이다. 늘 잉여농산물 처리로 골머리를 앓는 이 나라는 곡가가 하락할 걸 우려해 보상금을 줘가면서 농가의 생산을 통제한다. 석유도 마찬가지 방법으로 통제하고 있다. 자동차도 우리나라 같으면 10년은 족히 탈 수 있는 것도 2~3년만 타고 다른 걸로 바꾼다. 백화점에는 물건들이 태산같이 진열되어 있고, 백화점 전체 규모도 말로 표현하기 어려울 정도로 크다. 이렇게 풍부한 물자가 있는 미국이지만 이들은 결코 낭비하는 법이 없다.

전기도 다르지 않다. 전기가 남아도는 나라에 살고 있지만 미국인들은 스위치를 끄는 게 습관이 되어 있다. 유럽도 마찬가지다. 나는 파리에서 우리나라 유학생이 이런 이유로 아파트에서 쫓겨난 이야기를 들은 적이 있다. 그 학생은 스위치 끄는 습관에 익숙지 않았는데, 어느 날 밖에 나갔다가 들어왔더니 아파트 관리인이 불러 "왜 스위치를 끄지 않고 다니느냐?"며 나무라더란다. 그는 "전기요금은 내가 내는데 왜 따지느냐!"고 항의 조로 대답했다. 그런데 아파트 측에서는 그 학생의 사고방식이 돼먹지 못했다며 당장 나가라는 퇴거명령을 내렸다. 결국 그는 짐을 싸는 수밖에 없었다.

우리나라는 전력 생산이 부족한 나라다. 생산 비용도 외국보다 비싸다. 그런데도 불구하고 우리는 스위치를 잘 끄고 다니지 않는다. 그나마 자기가 직접 전기요금을 물어야 할 스위치는 잘 끄는 편이지만 이해관계가 없는 스위치는 잘 끄지 않는다. 물론 미국이나 유럽의 호텔이 전기료를 별도로 계산해서 받는 건 아니었다. 그러나 투숙객들은 자기 집처럼 스위치를 끄며 전기를 아꼈다. 스위치를 잘 끈다는 건 단순히 절전 행위라기보다 양식 있는 사람의 기본적인 도덕과 같은 것인 듯 했다.

# 대서양을 건너면서

8월 30일로서 약 2개월에 걸친 미국 일정이 끝났다. 대서양을 건너 유럽으로 향할 준비를 서둘렀다. 하버드대학에서 박사 과정을 밟고 있는 김정원 씨 형제가 나를 배웅하기 위해 일부러 뉴욕까지 와주어서 대단히 반가웠다. 그들과 함께 유럽행을 준비하게 되어 심심치 않았다. 고국을 떠나온 지도 벌써 2개월, 그동안 여행 거리만 해도 약 15,000km가 넘고 보니 고국으로 돌아가고 싶은 생각도 없지 않았다.

 북미 대륙을 대충 한 바퀴 돌고 나니 시곗바늘이 모두 주저앉아 버렸다. 표준시가 바뀔 때마다 바늘을 돌려서 시계도 지친 것 같다. 뉴욕 시내의 한 시계점에 가서 수리를 부탁했더니 시계를 완전히 고치는데 2개월이나 걸린다는 대답이 돌아왔다. 왜 그렇게 많은 시간이 걸리냐고 물어보니 주인은 시계를 스위스로 보내 고쳐오기 때문이라고 했다. 어처구니없었다. 밤 비행기로 떠나야 했기 때문에 시계를 도로 호주머니에 넣고 나왔다. 다만 유럽에서도 철저히 시간을 지켜야 했기에 14달러짜리 시계를 하나 새로 장만했다. 시계를 고치지 못해 기분이 개운하지는 못했지만 미국인들의 건실한 상업 태도는 배울 만하다고 느꼈다. 적당히 분해해서 바늘만 움직이게 하는 게 아니라 2개월이 걸리더라도 시계의 고향인 스위스로 보내 제대로 고치겠다는 뜻 아니었겠나.

시계가 고장 나니 앤아버에서 만났던 권오익 교수가 한 말이 생각났다. 서울대학교 상과대학장이었던 그는 외국에 나가면 시계를 2개씩 갖고 다닌다고 했다. 미국에서는 지역마다 시간이 다르니까 하나는 수시로 현지 시각에 맞추어 찾고 다니고, 나머지 하나는 한국시간에 맞추어 호주머니에 넣고 다니면서 우리나라 시간이 궁금할 땐 그걸 꺼내 본다는 것이다. 사실 외국 여행 중 조국은 몇 시나 됐을까를 떠올리는 것도 재미있는 일이다. 그런데 오늘같이 시계가 고장 난 날이면 두 개를 갖고 다니는 게 더욱 편리하겠단 생각이 들었다.

미국에서의 마지막 날 시계 사고를 치른 후, 나는 뉴욕의 존 F. 케네디 공항으로 향했다. 마치 그 옛날 콜럼버스가 미지의 대륙을 향해 대서양을 건넜던 것과 같은 심정이었다. 그런데 세계에서 가장 크고 좋다는 뉴욕의 케네디 공항에서 비행기가 5시간이나 지연되는 바람에 밤 12시가 되어서야 출발할 수 있었다. 이튿날 오전 11시 25분 런던에 도착할 때까지 정말 지루한 여정이었다. 런던은 뉴욕보다 5시간 빠르니 대서양을 건너는데 6시간 25분이 소요된 셈이다.

대서양을 건너는 비행기 안에서 다시금 미국을 떠올렸다. 오늘날 지구상에서 가장 부강한 국가 미국을 보고 나는 인간의 힘이 이룩할 수 있는 위대성을 새삼 느꼈다. 미국은 옛날 영국에서 핍박받아 자유를 향해 대서양을 건너간 청교도들이 건설한 나라다. 따져보면 미국은 영국의 '작은집'이다. 그렇다면 미국의 '큰집'인 영국은 도대체 얼마나 잘 살까? 그리고 아시아 한 모퉁이에 붙어 있는 나의 조국은 언제쯤 미국과 같은 번영을 누릴 수 있을 것인가? 낭만을 품고 처음 태평양을 건너던 때의 심경이 떠올랐다. 그 순간에 비하면 미국을 보고 난 후 나의 마음은 오히려 허전해지기만 했다. 너무 엄청난 거리 의식 때문이리라. 내가 탄 여객기가 도버 해협을 내려다보면서 안개 낀 도시 런던에 내려앉고 있었다.

# 윌슨에 정권 맡긴
# 영국

### ─── 보수적인 도시 런던

8월 31일 런던에 도착했다. 런던에 와 보니 확실히 영국이라는 나라는 고집에 가까울 정도로 보수적이라는 느낌을 받았다. 현대식 고층 건물이 즐비한 미국의 여느 도시와 달리 런던은 굴뚝을 그대로 지닌 낡은 집들이 많았다. 그 고택들은 어디선가 보수적인 냄새를 풍겼다. 5천 300만의 영국 인구 중 900만 명이 밀집해 살고 있는 런던에서는 새로 짓는 건물도 옛날 형태 그대로 설계한다고 한다. 영국 사람다운 보수, 전통주의가 엿보이는 대목이다.

내가 묵은 컴벌랜드 호텔도 약 150년이나 된 건물이다. 규모는 상당히 컸지만 19세기 풍으로 지어진 탓에 에어컨이 설치되어 있고 화려하게 꾸며진 미국의 호텔들과 대조적이었다. 호텔의 시설들도 모두 구식이었다. 그런데 이곳 관계자의 말을 들어보니 런던에서는 150년 묵은 호텔은

영국 의회의사당 리처드 1세 동상 앞에서

신식에 속한다고 한다. 그것만으로도 런던이라는 도시의 연륜을 짐작할 수 있었다.

런던은 200년 전 미국을 식민지로 가졌던 대영제국의 수도였다. 그런데 지금은 거리에 붙은 '새로운 대영제국으로'라는 선거 포스터에서 그것이 옛날의 영광이 되었음을 느낄 수 있었다. 그 포스터는 그 자체로 노스탤지어를 자아내고 있었던 것이다.

영국은 족보로는 미국의 큰집이다. 그러나 오늘날 국제적 위상을 봤을 때 영국은 미국의 작은집이 되어버렸다. 국제 수지가 선거판에서 논쟁이 되는 데서 알 수 있듯이 영국은 미국에 비해 가난해졌다. 표면적으로 봐도 물자가 풍부하지 못하다. 백화점 하나만 예로 들더라도 그렇다. 미국에서는 백화점 하나가 우리나라 종로 1가의 상가를 한 데 묶어 놓은 것마냥 대규모인 게 많았지만, 런던에서는 그런 대규모 백화점을 볼 수 없었다. 생활면에서도 영국인들은 좋게 말해 '검소'했지만 때로는 '궁상'맞아 보였다.

영국에서는 대학 식당에까지 넥타이를 매고 들어갈 만큼 전통과 형식을 중시한다. 그러나 그런 신사들이 어울리지 않게 궁상을 떠는 걸 여러 번 봤다. 많은 영국 사람들이 식사할 때 접시에 묻은 것까지 싹싹 닦아 먹었다. 차를 마시다가 몇 방울 접시에 떨어진 걸 혓바닥으로 핥아 먹는 이도 봤다. 물론 나는 이런 생활 태도를 칭찬하고 싶지, 비판하고 싶은 마음은 없다. 다만 그렇게 물자를 아끼는 사람들이 굳이 대학 식당에까지 넥타이를 매고 들어가나, 왜 그렇게 보수적 전통을 버리지 못하나 하는 의구심이 들 뿐이다. 개인적으로는 미국 사람들의 형식을 찾지 않는 자유로운 생활 방식이 더 좋았다.

런던 거리에서

또 다른 차이점이 하나 더 있다. 영국 사람들은 음식을 미국 사람들보다 훨씬 적게 먹는다는 것이다. 영국인들은 대부분 식사다운 식사는 하루 한 끼밖에 안 먹는 것 같다. 아침은 커피에 빵 한 조각, 점심도 티와 빵 몇 조각으로 때우고 저녁에서야 식사다운 식사를 한다. 수시로 뭔가를 먹는 미국인들보다 훨씬 적은 양을 먹었다. 런던에서 '뚱뚱보'를 별로 보지 못했는데 여기에 원인이 있지 않을까. 옛날 시인 바이런이 영국 귀족 사교계의 파티에서 음식을 먹지 않기로 유명했다는 이야기가 생각났다.

어떤 여행가가 영국은 가장 고독한 여행지라고 했다. 확실히 영국 사람들은 차갑고 쌀쌀맞았다. 미국에서는 초면이라도 얼마든지 말을 걸 수 있고 말을 걸어오기도 하지만, 영국에서는 절대로 누군가 말을 거는 일이 없었다. 이들은 자기와 상관없는 사람은 거들떠보지도 않는다. 때로는 불친절하기도 했다. 미국에서는 걸핏하면 "Excuse me."라는 말을 들을 수 있었지만 런던에서는 그런 말을 듣기가 쉽지 않았다. 당연히 "Excuse me."라는 말이 나와야 할 때도 그냥 넘어간다. 나도 어느 식당에서 한 청년이 옆자리에서 식사를 하고는 빈 그릇을 내 옆으로 밀어 버리고는 일언반구도 없이 나가버린 경험이 있었다. 확실히 보수적인 도시 런던은 여행자들에게 고독한 곳임이 틀림없다.

### ─── 총리 관저에 도둑이

영국인들은 보수주의를 좋아하지만 다른 한편으로는 혁신적이다. 그건 사회보장제도가 유럽의 선진 사회주의 국가들 못지않게 잘 되어 있는 것만으로도 충분히 알 수 있다. 게다가 이번에 사회주의 정당인 노동당

다우닝가 10번지에서 – 두 사람의 보초 경찰이 보인다.

에 정권을 맡긴 사실은, 보수적이지만 때론 혁신적인 영국인의 기질을 상징적으로 보여준다.

영국인들이 보수적이고 권위를 존중한다고 해서 허세를 부리는 건 아니다. 오히려 지극히 소박한 생활을 하고 있다. 나는 대영제국의 총리 관저가 있는 다우닝가 10번지를 가보고 그들의 검소한 성격에 머리를 숙이지 않을 수 없었다. 총리 관저는 '다우닝가 10번지'라는 초라한 패 하나가 붙어 있을 뿐 어디를 봐도 세계적인 권력자의 저택이라고 볼 수 없을 만큼 평범했다. 두 명의 경찰관이 보초를 서고 있는 것이 일반 가정집과 다른 점이었다. 그 옆 11번지는 재무장관의 관저인데 거기도 마찬가지다. 아주 구식인데다 그 규모도 대단치 않다. 대문만 열면 바로 현관이 나타날 정도로 비좁은 집이다. 이 총리 관저의 구조가 얼마나 허술하며, 또 그 경비는 얼마나 허술한지를 알 수 있는 사건이 최근에 있었다.

내가 런던에 도착하기 며칠 전 다우닝가 10번지에 도둑이 들었다. 이슬람계 도둑 2명이 사닥다리를 타고 알렉산더 더글라스-흄(Alexsander Douglas-Home) 총리의 딸 방에 들어가서 돈을 내라고 협박한 사건이었다. 우리나라에도 우수한 도둑(?)이 많지만 청와대나 국무총리 공관에 도둑이 들었다는 말은 들어보지 못했다. 언제쯤 우리나라도 청와대가 도둑맞는 날이 올까. 다우닝가 10번지의 도둑 사건은 영국 정치인들의 소박한 면을 단적으로 말해주고 있었다.

영국의 국회의원이나 장관들은 마치 책상물림 우등생 같다. 특히 총리나 장관들이 그렇다. 그들은 매일 아침 8시에 출근해서 10시간 동안 의회에서 토론하고 업무를 본 뒤 저녁에 집에 돌아온다. 그 내용들은 이튿날 조간신문이나 만평에 실린다. 다음날도 이런 생활이 되풀이된다.

세계를 휩쓰는 비틀스들이 런던 번화가를 맨발로 걸어가고 있다.

일생을 정치에 바친 처칠(Winston L. Churchill)이나 글래드스턴(William E. Gladstone) 총리 같은 사람들은 60년 동안 이런 생활을 반복한 셈이다. 그런 까닭에 영국 정치인들은 국민들로부터 절대적인 존경과 신뢰를 받고 있다. 정치가들이 하는 일에 의혹을 품는 일이 없다. 영국 정계에서는 부정 축재를 운운하는 일이 없다. 미국만 보더라도 골드워터가 "존슨이 부정 축재를 했다."고 들고나온 일이 있었지만, 영국 선거전에서는 부정의 '부'자도 나오지 않는다. 영국 의회에서 가장 가혹한 욕설은 '거짓말쟁이'란다.

영국인들은 세계에서 신문을 가장 많이 읽는 국민인 것 같다. 그들은 식당에서 밥을 먹든, 버스를 타든 어디에서나 신문을 들고 있었다. 항상 손에 들고 다니면서 짬만 나면 그걸 읽었다. 영국인의 근면성을 보여주는 게 아닌가 싶다. 그런데 이처럼 전통과 권위와 근면이 지배하는 런던 한복판에 불가사의한 존재들이 있었으니 그것은 바로 세계적인 인기를 얻고 있는 비틀스였다. 런던 거리엔 무수히 많은 비틀스들이 활보하고 있었다. 머리를 거지꼴로 기른 청춘 남녀들이 누더기 같은 옷을 입고 맨발로 거리를 쏘다니고 있었다. 이들은 여름에 낡은 외투를 입고 돌아다니기도 했는데, 비틀스와 런던은 아무래도 서로 이질적인 존재인 것 같았다. 일단 비틀스 같은 밴드가 영국에서 나왔다는 것도 이해되지 않았지만, 또 그런 비틀스를 수많은 영국의 청춘들이 좋아한다고 하니 이들이야말로 전통에 반항하는 '앵그리 영맨'들의 후계자가 아닐까 싶다.

###### 조용한 선거전

영국의 선거 분위기는 안정적이었다. 미국처럼 광적이지 않았다. 시끌벅적하지도 않았고, 인신공격이 오가지도 않았다. 영국의 선거는 그야말로 정책 대결이었다. 보수당과 노동당은 각자 당의 정책을 내걸고 그 정책을 중심으로 논쟁을 벌이는 게 선거의 전부인 듯했다. 논쟁이 격화될 때도 인신공격 같은 건 없었다. 심한 공격이라고 해봐야 보수당의 흄 대표가 노동당의 정책을 두고 "가격없는 메뉴"라고 표현하는 정도였다.

이번 총선에서 노동당은 '새로운 영국'을, 보수당은 '목적 있는 번영'을 내걸었다. 노동당은 선거 포스터에 윌슨의 사진을 큼지막하게 배치하고 거기에 "For a New Britain Lets go with!(새로운 영국을 위하여 함께 나가자!)"라는 슬로건만 넣었는데, 아마도 윌슨의 개인적인 매력과 인기로 효과를 보려는 것 같았다. 반면 보수당의 선거 포스터는 어딘가 산만해 보였다. 무엇보다 노동당의 '새로운 영국'이라는 슬로건이 지난 13년간의 보수당 정권을 '갈아보자'는 여론을 형성하는 데 효과적이었던 것 같다.

유세도 노동당의 윌슨은 정치, 경제, 사회, 국방 등 모든 문제를 전부 혼자 해치움으로써 개인 인기를 100% 활용하는 인상이었던 반면, 보수당의 흄은 전문 분야 연설은 소관 관료들에게 맡겼다. 영국의 선거는 부동표가 매우 적어 언제나 당 대표 개인의 인기가 승부의 키를 쥔다고 한다. 과거 세 번에 걸친 보수당의 승리도 총리의 개인적인 매력이 큰 영향을 끼쳤다고 한다. 51년의 처칠은 두말할 나위도 없고, 55년의 이든 총리도 핸섬한 얼굴이 젊은 여성들의 마음을 사로잡았다. 그런 점에서 흄의 개인적인 매력은 윌슨의 그것을 당해낼 수 없었다. 윌슨은 모든 문제를

월슨의 선거 포스터 앞에서 - 월슨 노동당수의 포스터에는 월슨 사진과 "새로운 대영제국을 위하여 함께 나가자!"라고 새겨져 있다.

척척 해치우는 팔방미인으로 어필하고 있었지만, 흄은 어딘가 힘이 없어 보였다. 갤럽 여론조사에서도 '당 대표로서의 적합도'에서 윌슨은 59%의 지지를 얻은 반면 흄은 46%를 얻었고, 비판 여론도 윌슨은 24%였던 데 반해 흄은 38%에 달했다. 당 대표 개인의 인기에는 정치 이력과 인품, 인물, 능력 등이 종합 채점된다. 그 점에서 흄은 윌슨을 당해낼 수 없었던 것이다.

###  ────  윌슨의 비전

'새로운 영국'이란 깃발을 들고 '다우닝가 10번지'에 들어간 윌슨 총리는 과연 어떤 정책으로 '새로운 영국'을 만들어 나갈 것인가. 물론 노동당이 집권했다고 해서 영국에 큰 변화가 있진 않겠지만 적어도 외교, 핵무장, 국유화, 토지 문제에 있어서는 보수당과 다른 행보를 걸을 게 틀림없다. 일례로 윌슨은 외교 정책의 첫머리에 중국의 UN 가입을 내걸었다. 노동당 정권은 13년 전 한국전쟁에 파병하여 중공군과 싸웠으면서도 베이징 정권을 승인한 것이다. 노동당은 처음부터 중국의 UN 가입을 주장해왔다. 그 점에 비추어보면 윌슨은 앞으로 중국의 UN 가입에 적극성을 보이고, 그들의 국제적 위상을 높여주는 방향으로 '심리 외교'를 펼 게 뻔하다. 실제로 윌슨은 "앞으로 중국이 막강한 군사력을 지닌 국가로 부상할 것은 틀림없는 일이므로 그들이 참여하지 않는 핵확산 금지조약이나 그 밖의 군사적인 협약은 무의미하다. 차라리 그들을 UN에 가입시켜 평화적인 협상을 통해 문제를 해결해 나가야 한다."는 식으로 주장했다. 이 주장은 프랑스 드골(Charles de Gaulle) 대통령의 동의를 얻을 것이니 더욱 힘이 실릴 것이다.

물론 윌슨은 자국의 핵무장을 강화하는 걸 반대하고 있다. 핵무기에 과도한 투자를 하기엔 해결해야 할 문제가 산적해 있다는 것이다. 이에 대해 흄은 "영국은 국토방위와 국가의 장래를 타국에 부탁한 일이 없다. 오늘날 어두운 그림자는 바로 노동당의 핵무기 포기론이다."라고 비판하고 있다.

유럽 정책에 있어서도 윌슨은 보수당과 판이한 방향으로 갈 것이다. 보수당 정권은 미국의 권유에 따라 EEC(유럽경제공동체, EU의 전신) 가맹을 줄기차게 추진해 왔다. 반면 윌슨은 EEC 가입을 포기하고 옛 식민지였던 영연방 국가들과 보다 긴밀한 경제적 유대 관계를 강화하려 할 것이다. 이미 윌슨은 "우리의 경고에도 불구하고 정부는 EEC에 넋을 잃고 있다. 농민과 주부를 포함한 국민의 생활 안정이 중요한가? 아니면 공동시장에 들어가는 것이 급한가?"라고 말한 바 있다. 윌슨은 EEC보다 공산권 국가들과 통상을 증진함으로써 오늘날 무역 적자를 개선하려 할지도 모른다. 사실 공산국가들과의 통상 증진은 보수당 정권도 미국의 반대를 무릅쓰고 추진했던 만큼 윌슨은 더욱 적극성을 보일 가능성이 크다. 그는 선거 때에도 "워싱턴과 모스크바를 방문하겠다."고 말했는데, 워싱턴은 노동당의 집권으로 더욱 멀어진 미영 관계를 조정하기 위해 노력할 것이다.

최근 유럽에서는 번영이 계속되고 있고, 미국도 장기적 번영기에 접어들었다. 하지만 영국이 그 국제적 경쟁에서 다소 뒤떨어진 건 사실이다. 영국에서는 앞으로 윌슨이 어떻게 연간 경제 성장률 4%를 넘을 만한 도약대를 만들 것인가가 주목되고 있다. 윌슨이 지난 8월 30일 발행된 업

저버(The Observer)지에서 밝힌 경제 계획은 다음과 같았다.

1. 영국이 직면한 경제 문제는 금융이 아니라 물질적인 것, 즉 상품을 제조하는 산업계의 생산설비를 근대화함으로써 생산량을 증가하는 데 있다. 이를 위해 노동당은 산업계에 대한 금융 지원 정책을 현재 이상으로 해야 한다. 산업계가 기존의 낡은 기계만 둘 게 아니라 더욱 개선된 기계를 설치할 경우 세법상의 특혜를 강화할 것이며 특히 자동화를 위한 기계 설비는 우대할 것이다.
2. 경제 확대를 억제하는 건 확실히 노동계다. 그러나 노조도 경제 확대가 계속된다는 자신을 갖는다면 노동력을 절약하는 기계 도입에 반대하지 않을 것이다. 정부로서는 노동자가 자신감을 갖고, 인원 과잉의 위협을 받지 않도록 안정감을 주는 선에서 노조 개혁을 추진할 것이다.
3. (장기 경제 계획을 주도할) 경제부를 신설해 현재 재무부 장관이 맡고 있는 국가경제개발평의회의 의장 자리를 맡긴다.

윌슨은 산업 국유화 등에는 소극적이었다. 그는 선거 강령 중 국유화 문제를 몇 줄밖에 언급하지 않았고, 이를 확대하기보다는 국유화된 철도·석탄 산업을 개선하는 방향으로 힘쓰겠다고 말하고 있다. 이런 태도 때문인지 9월 5일 이코노미스트지는 그의 비전이 새로운 경제정책이 되지 못한다고 비판하기도 했다.

# 파리의
# 모습

───  **주인이 바뀌었다.**

파리의 하늘은 뿌옇게 흐려져 있었다. 서유럽의 하늘은 대체로 이 모양이다. 그만큼 '맑은 하늘'은 서유럽 사람들에게 귀한 대접을 받는다. 서유럽에선 보통 여름에 해를 볼 수 있는데, 그들은 이 계절을 '바캉스'라고 해서 명절처럼 즐긴다. 프랑스 사람들은 예전부터 이 바캉스를 크리스마스보다 더 소중한 명절처럼 즐겼다고 한다. 1년 동안 열심히 돈을 벌고 이 계절에 하계휴가를 겸한 긴 여행을 떠나는 것이다.

내가 파리에 도착한 9월 초에도 바캉스 분위기는 계속되고 있었다. 관공서도 걸핏하면 문을 닫았다. 여행을 떠난 파리 시민들이 돌아오지 않아 파리 길거리에는 프랑스 사람보다 외국 관광객이 더 많았다. 이 계절만큼은 파리의 주인이 바뀌는 셈이다.

파리 길거리를 걸어 다니는 인파 중에는 미국 사람이 많았고, 흑인이

루브르 박물관

나 우리 같은 아시아인들도 자주 눈에 띄었다. 이곳에서는 흑백 차별이 없는 것 같았다. 흑인 남성들이 백인 여자친구와 함께 다니는 모습을 많이 볼 수 있는 것도 파리에서만 있는 일이다. 파리 어느 곳을 가도 흑인이든, 백인이든, 아시아인이든 혹은 남성이든 여성이든 할 것 없이 서로 자유롭게 입을 맞추며 사랑을 즐기고 있었다. 누가 뭐라든 개의치 않는 건 파리 특유의 자유로운 분위기의 단면인지도 모르겠다.

세계 유행의 수도라고 할 수 있는 파리는 그 주변에 많은 문화재를 가지고 있다. 그런 이유에서 프랑스는 이탈리아 다음으로 많은 관광 수입을 올리는 나라다. 그 규모가 연간 6억 달러에 달한다고 하니, 정말 복 받은 나라 아닌가 싶다.

### ─── 개선문의 계란 프라이 사건

나폴레옹 같은 영웅의 후예들은 그들 조상의 덕을 톡톡히 보고 있다. 선조들이 남긴 위대한 문화재로 많은 달러를 벌고 있기 때문이다. 베르사유 궁전, 나폴레옹 묘, 개선문, 루브르 박물관 등 프랑스 곳곳에는 훌륭한 문화재가 즐비해 있다. 그만큼 무수한 달러가 걸어 다니고 있었다. 세계적으로 '레저 붐'이 불면서 각국의 관광객들은 파리에 와서 달러를 뿌리고 있다. 프랑스 구석구석 위치한 많은 문화재는 그런 점에서 금덩어리보다 소중한 것이었다. 물론 이처럼 귀중한 유산을 물려받은 프랑스 사람들의 문화재에 대한 관념도 그만큼 투철하다. 이와 관련해 프랑스와 미국 사이에서 벌어진 자그마한 일화가 있다. 나토(NATO)군으로 파견된 미군 병사 두 명이 파리 개선문에서 불경죄를 범한 사건이다.

카루젤 개선문

개선문 가운데에는 항상 타오르는, 이른바 '영원의 불길'이 있다. 그런데 한심한 그 두 병사는 그 불길로 "계란프라이가 된다, 안 된다."하며 논쟁을 벌이다가 결국 내기를 걸었다. 그들은 밤중에 개선문에 가서 그 불길에다가 달걀을 깨서 계란프라이를 만들었다. 그러다가 프랑스 경찰에 붙들렸다. 프랑스 정부는 미국 정부에 '문화재 모독'에 대해 엄중한 항의를 했고, 그 미국 병사들을 나토군에 넘기며 엄벌을 요구했다. 미국으로서는 장난한 걸 가지고 크게 문제 삼을 게 못 된다고 생각했을지도 모른다. 그러나 미국은 국제관계를 고려해 그들을 군법회의에 회부했다. 군법회의에서도 죄가 성립되지는 않지만 외교적 문제를 고려해 2개월간의 강제노동형을 선언했다. 이에 프랑스 정부는 형이 너무 가볍다며 큰 불만을 표출했다. 이 사건에서 나타난 프랑스인들의 정신이 오늘날 드골이 걷는 행보의 뿌리를 이루고 있는 게 아닌가 싶었다.

###### 파리의 회춘

프랑스의 문화재 보호 정책은 여러 가지가 있겠지만, 드골 대통령이 다시 정권을 잡았을 때 문화부 장관을 맡은 작가 앙드레 말로(André Malraux)는 일부의 격심한 반대를 무릅쓰고 소위 '역사 건축물 세정 작업'을 추진했다. '늙은 파리'를 씻겨 '젊은 파리'로 만들어 옛 모습을 되찾자는 정책이다.

파리는 2천 년 역사를 지닌 예술의 도시답게 기념할 만한 건축물이 무수히 많다. 파리 시내를 거닐다 보면 거리마다 찬란한 역사의 발자취를 회상할 수 있는 역사적 건축물들은 한둘씩 꼭 볼 수 있다. 그런데 이들

센강 변

건축물은 낡은 건 수백 년, 새로 지은 거라도 수십 년의 역사를 지니고 있어 대부분 표면이 우중충하고 검게 변해 있다. 도시의 매연에 그을리고 온갖 새들의 똥과 먼지가 묻었기 때문이다. 그래서 도시 전체가 밝지 못했다.

말로 장관의 구상은 이 건물들을 초기의 밝고 빛나는 색으로 되돌리는 것이었다. 그래서 그는 마들렌 교회, 콩코르드 광장, 호텔 드 크리용, 루브르 미술관을 세탁했다. 이들은 순백의 모습으로 변해 있었다. 하지만 이 정책에 반대하는 이들도 있었다. 건물은 시대나 역사를 초월해서 존재할 수 없고, 지금까지 오면서 역사의 자취를 지니는 건 당연하다는 주장이다. 그들은 "건축물을 새삼스레 옛날 모습으로 돌리려는 건 노파의 얼굴에 분을 바르는 것과 같은 부자연스러운 것이다."라고 말한다.

하지만 나는 현재 남아 있는 건물들이 결코 과거에 속하는 게 아니라고 본다. 노트르담 대성당은 700년 전의 건물이고 앵발리드는 17세기에 지어졌지만, 그건 단순히 관광 홍보를 위한 말에 불과하다. 수백 년 전에 만들어졌다고 해도 현재 존재하는 이상 그건 20세기의 건축물 아닌가? 그것들은 과거에 묻힌 폐허가 아니라 오늘을 살아가는 기념비다. 그렇다면 현대에는 현대에 맞게 표현하는 게 당연하다는 게 말로 장관의 의도가 아니었나 싶다.

여하튼 파리의 이 '회춘 정책'으로 파리의 명동이라 할 수 있는 샹젤리제 거리나 뤽상부르의 오데온 광장 부근은 거리 전체가 새로운 모습으로 탈바꿈했다. 정부가 솔선수범하니 개인들도 자진해서 건물 외벽을 청소했고 그 덕분에 거리가 환해졌다.

파리는 그 웅장함에 있어서는 로마를 따를 수 없으나 아름다운 조화에서는 단연 로마를 앞선다. 그만큼 프랑스인들은 파리라는 도시의 조화를 유지하기 위해 크게 신경 쓰고 있었다. 오페라 극장 부근에는 붉은 네온사인을 절대 금지하고 있고, 뤽상부르 공원 부근에 신축하는 주택은 뤽상부르 궁전과 같은 양식이 아니면 허가를 해주지 않는다. 퐁트누와 광장에 유네스코 본부를 지을 때도 그 일대와의 조화를 고려해 설계했다고 한다.

# '위대한 프랑스'로

### ─── 직접 민주주의

드골 대통령이 이끄는 제5공화국의 프랑스는 확실히 새로운 시대로 들어가고 있다. 내각책임제하에서 걸핏하면 정부가 바뀌던 제3, 4공화국 시대에 비해 훨씬 안정돼 있다. 드골은 때로 독재자라는 비난을 받을 정도로 강력한 권한을 행사하고 있으며, 중요한 문제에 있어서는 의회보다 직접 국민투표에 부쳐 찬반 여부를 묻는다. 드골 정부는 이걸 '직접 민주주의'라고 부른다. 당연히, 국민의 대변자들이 모인 의회는 이 직접 민주주의가 의회 민주주의에 배치된다고 해서 강한 불만을 품고 있다. 하지만 이 직접 민주주의로 대표되는 강력한 대통령 중심제가 등장하게 된 데에는 그만한 이유가 있다. 그걸 이해하려면 제2차 세계대전 이후, 1946년 말에서 1958년 5월까지 계속된 프랑스 제4공화국 시대의 정치를 살펴볼 필요가 있다.

프랑스 의회

개인주의적 성향이 강한 프랑스 국민은 저마다의 정치적 식견을 갖고 있다. 그 영향으로 프랑스에는 많은 정당이 존재한다. 특히 제4공화국 시절에는 각종 군소정당이 난립했는데 여기에 제4공화국 헌법이 대통령이나 정부보다 의회에 권한을 강하게 부여하면서 혼란이 발생했다. 어떤 정당도 단독으로 의회 다수 의석을 차지하지 못했고 정부는 중도파들을 모아 연립 내각을 구성하지 않으면 안 됐기 때문이다. 이는 약간의 불만만 있어도 정부를 넘어뜨릴 수 있는 요인이 되었다. 실제로 프랑스에서는 제4공화국 12년간 내각이 23번이나 교체되었다. 프랑스 정국은 항상 불안했다. 일관성 있는 경제정책이나 외교 대책을 밀고 나가지 못했음은 물론이다. 만성적인 정치 위기와 경제 불안은 계속되었으며 그러는 사이 프랑스는 '유럽의 환자'라는 소리를 듣는 신세가 되었다. 인도차이나와 알제리에서의 독립 요구는 계속되었고 막대한 전비와 젊은이들의 생명이 희생되었다. 국제 여론도 나빠져 프랑스는 '더러운 전쟁'을 수행하는 침략자가 되었다. 결국 알제리 전쟁을 마지막으로 제4공화국은 붕괴되고 드골의 시대가 열린 것이다.

사실 프랑스는 알제리를 자국 본토에 통합하는 형식으로 붙들어 매려고 했다. 그러나 알제리 민족주의자들이 여기에 응하지 않았다. 이에 프랑스는 50만 대군을 투입해 진압하려 했지만 알제리의 독립 의지를 꺾을 수는 없었다. 다만 현지 백인들이나 그들을 대변하는 우익 군부가 문제였다. 인도차이나 전쟁을 해결한 망데스 프랑스(Pierre Mendès France) 당시 총리가 우익의 공격을 받고 정계에서 매장된 선례가 있는지라 제4공화국의 정치인들은 이를 어떻게 해결해 볼 용기를 갖지 못했다. 거기에 1958년 5월 현지 우익과 군부가 알제리 통합을 요구하며 쿠데타를 일으키는 한편 제2차 대전 구국의 영웅인 드골의 출마를 요구했다. 1958년 6월 1일 총리로서 의회의 신임을 얻은 드골은 9월 28일 국민투표를 통해 제5공화국 헌법을 승인받고 1959년 1월 8일 초대 대통령의 자리에 앉게 된다.

새로운 헌법은 '주권자인 국민은 그들의 대표와 국민투표를 통해 그 권리를 행사한다.'고 규정하고 있다. 그러나 사실 대표인 국회의 권한은 약화되었고 대통령은 임기 7년을 보장받고 강력한 권한을 행사하게 되었다. 실제로 드골은 우익과 군부의 요청으로 등장했지만 그들의 주장과는 정반대로 알제리 임시정부와 정전협정을 맺고 그들을 독립시켜버렸다. 그의 알제리 독립 정책이 국민투표에서 신임을 얻은 덕분이었다.


── **독자적 외교**

드골의 제5공화국은 독자적인 외교 정책으로 유럽을 비롯한 서방 진영 내부에 파란을 일으키기 시작했다. 프랑스는 미·영과 대등한 발언권 및 지휘권을 요구하는 한편 독자적인 핵무장 계획을 추진했다. 이를 위해 제네바 UN 군축위원회도 보이콧하는가 하면, 1963년 8월 5일 모스크바에서 조인된 미·영·소 3국의 부분적 핵확산 금지조약에도 불참 의사를 표시했다. 더 나아가 프랑스는 1964년 1월 중국을 승인, 국교를 수립하며 남베트남에서 공산 게릴라와 치열한 전투를 벌이고 있는 미국에 충격을 주기도 했다. 지난날 '유럽의 환자'가 이제 '유럽의 심술쟁이'가 되어버린 것이다.

이러한 정책의 이면에는 드골 대통령의 독특한 사관과 철학이 작용하고 있다. 그는 회고록에서 "장기적으로 볼 때 전후 미국은 신대륙으로, 영국은 섬으로 돌아갈 것이다. 유럽 문제는 프랑스의 동의 없이는 결정할 수 없다."고 말한 바 있다. 1948년 4월 마르세유 연설에서도 "근대 문명의 모체인 유럽의 흥망이 세계의 운명을 결정하지만, 그 유럽의 재건에 있어서는 물질적으로나 정신적으로나 프랑스가 중심이다."라고 강조했다. 그는 "미국의 이익이 반드시 프랑스의 이익과 일치할 수는 없다. 이를 직시할 때 프랑스는 유럽에서 더 큰 책임감을 갖게 되고 상대적으로 미국의 비중은 약화될 것이다."라고 밝히기도 했다. 이런 생각들이 드골의 '위대한 프랑스'라는 비전의 바탕이 된다.(프랑스는 미국 주도의 유럽 질서에 반발하며 1966년 북대서양조약기구(NATO)에서 탈퇴했다가 43년이 지난 2009년 재가입했다. 재가입 당시 사르코지 대통령은 "프랑스가 나토에 복귀하는 것이 프랑스는 물론 유럽의 이익에 도움이 된다."고 밝혔다.)

드골은 프랑스가 독립국인 이상 자국 방위의 최종적인 책임은 어디까지나 스스로 지지 않으면 안 된다고 강조한다. 사실 미·영·소 사이에서 체결된 핵확산 금지조약은 좋다고 쳐도, 그게 현 핵보유국의 핵무기 및 운반 수단의 저장이나 제조에 아무런 영향을 주지는 않는다. 드골은 여기에 참가함으로써 프랑스 방위에 필요한 핵무기를 갖겠다는 계획인 것이다. 그의 주장의 근저에는 프랑스는 반드시 일류국가로 다시 일어서야 하고, 그 과정에서 미국이나 영국에 기대서는 안 된다는 정서가 자리 잡고 있다.

하지만 사실 제2차 세계대전 이후 미국의 군사·경제 원조를 받아온 많은 나라의 지도자들이 이미 미국의 주도권을 하나의 기정사실로 받아들이고 있는 게 현실이기도 하다. 특히 유럽에서도 벨기에, 네덜란드,

룩셈부르크 같은 소국은 벌써 자국의 힘으로는 어쩔 수 없는 시대가 되었다는 걸 알고 있다. 그런 까닭에 가능하면 유럽합중국이나 이것이 확대된 대서양공동체 같은 게 만들어져 그들이 그 일원으로 자리매김하길 희망하는 경향이 있다. 이건 이상적으로 보일 수도 있지만 그 첫 번째 포석인 유럽경제공동체(EEC)가 상당한 실적을 올리고 있는 게 사실 아닌가.

물론 드골은 유럽합중국이라는 이상에 반대하고 있다. 각국이 주권과 책임을 포기한 유럽합중국은 무력한 존재가 되고, 결국 미국에 의존하게 되고 말 거라는 생각이다. 미국과 동맹 관계를 맺더라도 대등한 동맹국으로 여겨지지 않으면 안 된다는 게 드골의 신념이다. 아마 드골이 건재하는 한, 현 프랑스의 외교 국방 정책은 변함이 없을 것 같다. 그가 베이징 정권을 승인하고 동남아시아의 중립화 구상을 한 것도 중·소 대립을 격화시켜 유럽에서 소련의 위협을 줄이려는 거시적 관점에서 나온 게 아닌가 싶다.

드골의 담대한 구상에 대해 아놀드 토인비(Arnold J. Toynbee) 같은 역사학자는 "돈키호테 같은 생각"이라며 혹평하고 있다. 하지만 드골은 마치 나폴레옹처럼 유럽의 한가운데서 프랑스를 다시 우뚝 세우고자 하고 있다. 프랑스가 핵전력을 갖고, 미국과 소련 사이에서 '초강대국'으로 패권을 쥐지는 못할지언정 최소한 캐스팅보트를 행사하는 역할은 하겠다는 것이다. 이에 대해 토인비는 라퐁텐의 우화를 빗대 "소한테 지기 싫다고 배에다가 바람을 넣었다가 뱃가죽이 터져버린 개구리와 같은 생각"이라고 비판하고 있다. 그는 군사적, 경제적 실력으로 보아 프랑스가 EEC 내부에서 서독에 대항해 지도자 역할을 잘해 나갈 수 있을지도 부정적으로 보고 있다.

나는 베이징 정권을 승인한 걸 보면 드골이 돈키호테는 아니라는 생각이 든다. 그는 동독은 인정하지 않고 중국은 인정했는데, 동독을 인정하는 건 프랑스에 불리한 일이지만 중국을 승인하는 건 이득이 되기 때문이다. 그는 자국의 이익을 추구하는 현실주의자인 셈이다.

───  **성장하는 경제**

오늘날 프랑스 정부의 강력한 중앙집권적 체제를 두고 지식인들이나 정치인들 사이에서 불만이 없는 건 아니다. 그러나 일반 대중들은 드골에게 열광하고 있다. '위대한 프랑스'를 향한 드골의 독자 노선이 어찌 되었든 프랑스를 번영으로 이끌어가고 있는 건 부정할 수 없다. 프랑스의 경제구조는 사회주의 국가처럼 국영기업들이 주요 산업을 담당하고 있다. 그런데 드골이 등장한 이후 이들의 경쟁력이 올랐고 그만큼 국민 생활 수준도 향상되었다.

고민거리가 하나 있다면 프랑스인들이 아이를 낳지 않는다는 것이다. 정부에서 인구 증가 정책으로 출산수당까지 지불하고 있지만 출산율은 좀처럼 오르지 않고 있다. 인구는 4천 5백만에서 제자리걸음이고 그만큼 노동력 부족도 사회 문제로 대두되고 있다.

───  **한국과 프랑스**

프랑스는 1948년 8월 15일 한국 정부가 수립되자 이듬해인 2월 5일 자로 한국 정부를 승인했다. 그리고 또 그 이듬해인 1949년에는 양국 간 국교를 수립하고 서울과 파리에 양국 공관을 설치했다. 한국전쟁 당시엔 UN에서 한국을 지지하는 데 앞장섰으며, UN군의 일원으로 1개 대대 병력과 구축함 1척을 보내 우리나라 전선에서 공산군과 싸우기도 했다. 프랑스인 262명이 숨졌고 1,008명이 전상을 입었다(실종 7명, 포로 12명). 양국의 관계는 피로 맺어진 셈이다.

그런데 요즘은 이처럼 긴밀했던 양국 관계가 서먹서먹해진 감이 없지 않다. 프랑스가 중국 정권을 승인한 게 중국의 국제적 위상을 높여주는 꼴이 되었고 그것이 반사적으로 한국에게 악영향을 끼치고 있기 때문이다. 향후 프랑스는 대(對) 한국 정책에서 어떤 자세를 취할까? 이와 관련해 주목할 만한 일이 한 가지 있었다. 얼마 전 런던 선데이타임스 도쿄 특파원인 리처드 휴스(Richard Hughes) 기자가 일으킨 '한반도 중립 통합론'(원문에는 '중립 통한론'이라는 단어를 사용했으나 독자들의 이해를 돕기 위해 보다 직관적인 단어인 '한반도 중립 통합론'으로 바꿨다.) 파문이 그렇다. 보도에 따르면 1964년 3월 정일권 외무부 장관이 파리에서 모리스 뮈르빌(Maurice de Murville) 외무부 장관을 만났을 때 양국은 프랑스의 대한 원조, 중국 승인 보류, 중국 측의 한반도 중립 보장 중개 등의 문제를 논의했다. 정일권 장관은 이를 즉각 부인했지만 '동남아 중립론'을 들고나온 드골이 한반도에서도 그러지 않을 거란 보장은 없다. 한반도 중립 통합론은 일찍이 미국에서도 민주당 원내대표인 맨스필드(Michael J. Mansfield) 상원의원에 의해 제창된 바 있다. 영국의 역사학자 아놀드 토인비도 "미국과 중국을 설득해 그들의 중간에서 한국이 중립국으로 통일될 수 있도록 해야 한다."고 주장했다. 일련의 사건들을 종합해 봤을 때, 간접적으로 흘러나

온 이야기라고 하더라도 드골식 한반도 중립 통합론에 주의를 기울이지 않을 수 없다.

### ——— 프랑스의 중국 인식

"중국의 공산주의는 인류 역사에서 가장 규모가 크고 가장 무서운 대중운동이다. 그리고 중국의 이 대중운동은 10년 이내에 세계의 초점을 베이징으로 집중케 할 것이다."(리처드 크로스만, 영국 노동당 정치인)

"중국은 잠자는 사자다. 이 사자를 영원히 잠들게 하라. 그가 한 번 잠에서 깨어나는 날 세계는 다시 시끄러워질 것이다."(나폴레옹)

이 둘의 중국 경계론은 엄연한 현실이 되었다. 드골은 1964년 1월 27일 중국의 마오쩌둥(毛澤東) 정권을 사실상 국가로 승인하고 국교를 수립했다. 그 나흘 뒤인 1월 31일, 드골은 기자회견을 열고 중국 승인에 따르는 프랑스의 입장을 밝히는 한편, 동남아 정책에 대한 구체적 구상을 밝혔다. 이로써 파리와 베이징에 대사관이 설치되었다. 드골이 두 개의 중국을 인정하자 대만 국민당 정부는 여기에 반발해 파리 주재 대사관을 철수시켰다. 반면 신이 난 중국은 파리에 대사관을 설치할 때 무려 300명의 직원을 주재시키겠다고 했으나 프랑스 정부의 반대로 70명만 주재하게 되었다. 그중에는 북한 사람 5명도 끼어 있다는 설이 있다.

드골의 중국 승인은 국제 정치에 적잖은 파장을 일으켰다. 가장 중요한 건 국가적 이익 앞에 이데올로기의 장벽은 붕괴되고 적과 동지에 대한 개념이 국가 이익 앞에 대대적으로 수정되고 있다는 점이다. 이는 전후 냉전 시대를 지배해 온 두 이데올로기의 대립이 지나고 다시 국가 중심의 정치가 등장하게 될 것을 의미한다.

실제로 드골이 중국을 승인하면서 미국의 군사적 반공 요새였던 동남아시아의 반공 체제가 흔들리기 시작했다. 7억 인구를 가진 중국은 등장 이래 15년간 국제사회에서 고립을 자초해왔는데 프랑스가 승인해주고 영국에 노동당이 집권함으로써 그들이 국제사회로 진출할 가능성이 더욱 커졌다. 드골의 선택은 아마 UN에서 중국에 대해 부정적인 태도를 취해온 아프리카 국가들이 중국 가입을 승인하는 방향으로 전환되는 데에도 영향을 끼칠 것이다. 프랑스가 중국이 국제무대로 진출하는 큰 문을 열어준 셈이다.

###  — **프랑스 정계의 내일**

드골의 임기는 1965년 말에 끝난다. 프랑스 정계는 벌써부터 1965년 말에 있을 선거에서 드골에 맞설 후보를 찾기 위해 분주하다. 드골에게 짓눌려 왔던 정당들에게 이번 선거야말로 절호의 기회인 셈이다. 하지만 드골을 누를 만한 인물은 아직 나타나지 않고 있다. 망데스 프랑스가 거론되기는 하지만 그는 적이 너무 많다. 인도차이나 전쟁을 종식하고 알제리 문제를 해결하기 위해 노력했지만 극우주의자 및 군부는 그를 '패배주의자'라고 비난하며 원수처럼 여긴다. 반대로 드골은 알제리 독립을 허용함으로써 군부의 적의를 산 건 사실이지만 핵무장 카드를 통해 그들의 불평을 달래고 있다. '프랑스의 영광'을 되찾겠다는 기조 역시 보수주의자들로부터 인정받고 있다.

르 익스프레스지는 또 다른 경쟁자로 마르세유 시장이자 사회당 간부인 가스통 데페르(Gaston Defferre)를 소개한 적도 있다. 53세인 그는 1946년 이래 국회의원을 해오고 있다. 마르세유 시장을 20년간 지내오면서 교육, 도시 계획, 인프라 확충에 좋은 업적을 남긴 그는 매력 있는 정치인이다. 사회당은 지난해 12월 당 집행위원회에서 그를 대통령 후보로 승인하고 이듬해 2월 전당대회에서 정식으로 지명한 바 있다. 그러나 데페르에게도 단점이 있다. 공산당과 잘 맞지 않는다는 것이다. 그는 1960년 흐루쇼프가 프랑스에 방문했을 당시 마르세유 환영 석상에서 소련의 정책을 비판하며 프랑스 공산당의 비위를 거슬리게 했다. 그런데 그들의 지지를 얻지 못한다면 승산이 없다. 한편 유럽합중국 운동자인 장 모네(Jean Monnet)나 중도파인 피네(Antoine Pinay) 전 수상, 대중 외교의 주역인 에드가 포르(Edgar J. Faure) 전 총리도 후보군에 거론되고 있다. 물론 이들이 드골을 누를 가능성은 희박하다. 이미 드골은 재출마의 뜻을 시사했다. 올해 74세인 드골이지만, 그는 분명 새로운 임기를 '프랑스의 영광'을 되찾기 위해 채워야 한다고 생각하고 있는 게 틀림없다.

# 농업 천국 덴마크

9월 7일 덴마크의 아름다운 수도 코펜하겐에 도착했다. 이곳도 관광객으로 붐비는 도시였다. 호텔마다 만실이어서 다섯 번이나 돌아다닌 끝에 겨우 방을 얻어 여장을 풀었다. 거리에 나오니 마치 우리나라 겨울처럼 추웠다. 챙겨간 스웨터를 꺼내 입어야 할 정도였다. 비를 뿌리며 음산한 날씨가 북유럽의 맛을 제대로 보여주었다. 9월 초면 우리나라는 따뜻하고 하늘이 한창 맑을 때인데, 덴마크 날씨는 늘 이 모양이라고 한다. 이곳은 습한 북해 바람 때문에 연중 300일은 날씨가 음산하다. 1년 강우량은 겨우 600mm 정도인데 비 오는 날이 약 150일은 되고, 눈 내리는 날이 30일, 안개 끼는 날이 90일 정도 된다. 덴마크에서 기후가 가장 좋다는 코펜하겐조차 햇볕 좋은 날은 겨우 50일에 불과하다고 한다. 평균 기온은 8도 정도 되는데 러시아 캄차카반도와 같은 위도에 있다는 걸 감안하면 따뜻한 편이지만 늦서리가 5월까지 내리고 10월 초에는 벌써 첫눈

코펜하겐 공원

이 내린단다.

처음부터 이렇게 날씨 이야기를 꺼낸 건 덴마크 사람들이 이러한 자연의 악조건 속에서 오늘날 '농업 천국'을 건설했다는 걸 강조하기 위해서다. 덴마크의 자연조건이 나쁜 건 비단 기후뿐만이 아니다. 토지도 그렇다. 덴마크 국토는 독일 북쪽 북해에 튀어나온 작은 반도와 그 주변 수많은 섬으로 구성된 땅 4만 3천$km^2$에 불과한데 거기에 400만 명이 살고 있다. 이 국토의 중요한 부분인 유틀란트반도는 옛날엔 황무지였다. 땅이 메마른데다 서북 해안은 사구로 둘러싸여 있었다. 산이라고는 높이 300m를 넘는 게 없어 북해의 거센 바람이 막힘 없이 이 땅을 쓸고 갔다.

덴마크 사람들은 이런 악조건을 가진 땅에서 세계에 내로라하는 농업 강국을 만들었다. 코펜하겐 교외 농촌을 둘러보니 과연 농업 천국이라 할 만큼 아름답게 꾸며져 있었다. 집마다 꽃을 가꾸기도 했는데 마치 마을 전체가 공원 같았다. 창문마다 화분이 놓여 있었고 집 앞뜰은 나무와 꽃으로 가득 차 있었다. 때마침 추수가 한창이었는데 한 여성이 트랙터를 운전하는 모습이 정말 인상적이었다. 덴마크의 농업은 기계화되어 있었다. 트랙터는 논을 지나가면서 곡식알만 남기고 짚단은 밖으로 배출했다.

농산물이 중심이 된 덴마크의 수출액은 연간 17억 달러나 된다(1962년 기준). 외환보유액만 3억 5천만 달러가 넘는다. 덴마크에서는 맥주도 유명하다. 이미 독일 다음가는 맥주 수출국이다. 그래서인지 덴마크 사람들은 맥주를 정말 많이 마셨다. 아침부터 맥주를 마시는 사람도 많았다. 아마 그들은 식사 대용으로 맥주를 마시는지도 모르겠다. 많은 이들이 빵 몇 조각과 맥주 몇 컵으로 식사를 대신했다. 덴마크에서는 가구도 유

덴마크의 농부와 같이

명한데, 특히 여기서 나는 목재가 단단해서 가구의 품질도 뛰어나다고 한다. 덴마크는 높은 산이 없는데 어디서 그런 좋은 목재들이 나왔을까? 여기에 덴마크인들의 위대한 개척사가 깃들어 있다.

덴마크는 1864년 프로이센·오스트리아 연합군에 패배하여 가장 기름진 영토였던 슐레스비히와 홀슈타인 2개 주를 빼앗겼다. 덴마크 역사상 가장 큰 위기였다. 경제 파탄은 말할 것도 없고 사회 전체가 절망의 늪에 빠졌다. 국민들의 먹고살 길이 암담해졌다. 이들에게 남은 건 유틀란트 반도와 몇 개의 섬들, 그리고 쓸모없는 사구(沙丘, 모래언덕)뿐이었다. 어디를 봐도 희망의 단서는 보이지 않았다. 하지만 이 절망적인 폐허 위에서 덴마크인들은 오늘날 농업 천국으로 향한 발걸음을 내디뎠다.

전 국민이 비탄과 실망에 빠져 있을 때 이를 딛고 일어서 구국운동에 나선 사람이 있었으니 그가 바로 엔리코 달가스(Enrico M. Dalgas)라는 36세의 공병 장교였다. 그는 "밖에서 잃은 걸 안에서 회복해야 한다. 황무지를 장미꽃 향기 풍기는 비옥한 땅으로 바꾸자!"는 구호 아래 국토 개척 사업을 시작했다. 국내 황무지와 소택(沼澤, 늪지), 사구를 개척하거나 산림 혹은 농장으로 만들어 나가는 운동이었다. 달가스를 비롯한 지도자들은 '황무지 개간 협회'를 만들어 사구마다 나무를 심었다. 노르웨이산 전나무였다. 이 나무들이 자라 숲을 이뤘고 그 숲이 북해에서 불어오는 강풍을 막아 농토를 비옥하게 만들어줬다. 오늘날 외화를 벌어들이는 가구의 목재도 이 인공 삼림에서 생산된다. 이런 역사 때문인지 덴마크에 오는 관광객들은 덴마크 농촌도 꼭 들른다. 농촌이 하나의 관광지처럼 되어 있다.

우리는 덴마크에 비하면 훨씬 좋은 기후와 땅을 가지고 있다. 그런데 이 좋은 조건을 가지고도 식량 문제 하나 제대로 해결하지 못하니 정말 딱한 일이다. 농업 천국 덴마크에서 많은 걸 배워야겠다고 느꼈다. 생각이 여기에 미치니 고향을 향한 그리움에 사무치지 않을 수 없었다.

# 말없이 통일되고 있는 독일

### ── 동서독의 접촉

세계에서 미국 다음으로 경제적 번영을 누리고 있는 서독의 수도 본 (Bundesstadt Bonn)에 도착했다. 본에서 느낀 첫인상은 서독의 수도가 왜 이렇게 작은가 하는 의문이었다. 미국 다음으로 잘 사는 나라의 수도치고 너무 초라했기 때문이다. 건물은 낮았고 길은 좁았다. 인구도 겨우 17만에 불과했다. 우리나라에서도 소도시 축에 드는 작은 규모다.

이유를 알아보니 본은 임시수도이기 때문에 의도적으로 발전시키지 않고 있다고 했다. 서독 정부는 독일의 수도는 베를린이기 때문에 통일 이후 베를린으로 가야 한다는 의지가 확고했다. 통일 정신을 고양하기 위해 임시수도 본에서는 관공서 건물을 일절 짓지 않을 뿐만 아니라 도시 자체의 확장도 삼가고 있었다. 관공서들은 학교 건물 등을 빌려 썼고 공항도 없어 이웃 도시 쾰른의 공항을 이용했다. 이 모든 게 통일을 향한

서베를린 경비병과 같이 전망대에서 - 뒤에 보이는 것이 동부 베를린이다.

독일인들의 염원과 그 절실함을 상징적으로 보여주는 것 같았다.

　서독은 '라인강의 기적'으로 표현되는 경제 부흥을 이룩하고 자신들의 민주주의 체제가 동독의 공산주의 체제보다 낫다는 걸 실증했다. 그리고 그 국력을 바탕으로 꾸준히 동독과 접촉을 늘려가며 통일의 길로 걸어가고 있다.

　물론 여전히 서독과 동독 사이의 정치적 장벽은 남아 있다. 하지만 정신적 장벽은 이미 무너지고 있는 듯했다. 베를린에서는 크리스마스를 앞두고 동서독의 이산가족을 만나게 해주기 위한 준비를 서두르고 있었다. 그들은 올해 크리스마스에 약 200만 명의 가족들이 만나게 될 거라고 추산했다. 두 정부는 정치 문제 이외의 다른 문제들은 직접 접촉하고 해결함으로써 서서히 통일의 길로 전진해 가고 있다. 물론 이런 접촉은 경제력에서 우위에 있는 서독이 주도권을 쥐고 있었는데, 흐루쇼프의 서독 방문 계획이 확정되며 동서독 간의 관계는 더욱 가까워졌다. 실제로 흐루쇼프가 동독에 압력을 넣어 정치범 약 1천 명을 석방하게 한 것은 동서독 간 거리를 한층 더 좁혔다. 이들은 지난해 크리스마스 때 동서 베를린 간 통행 협정을 체결했고, 서신 교환이나 소포 교환도 이미 오래전부터 해오고 있다.

　지난 8월 17일에는 바이에른주 북부의 호프 지방을 거쳐 동독으로 통하는 잘레교(Saale Bridge) 재건을 위한 협정이 동서독 사이에 조인되었다. 이 잘레교는 1945년 2차 대전 때 파괴된 이래 여전히 복구되지 않고 있었다. 하지만 남부에서 베를린에 이르는 교통의 요충지에 놓인 탓에 재건 교섭이 10년 전부터 이루어지고 있었다. 흥미로운 건 이 공사가 진행되는 동안 동독에서는 서독 쪽에 사무소를 설치할 수밖에 없는데, 동독 사무소에서 도망자가 나오지 않도록 보장하는 조항도 있었다는 점이다.

## 동서독 통일 정책 시비

서독 정부 여당인 자유민주당(FDP)의 연방의회 의석은 67석에 불과하다. 그래서 이들은 기독민주동맹(CDU·CSU, 250석)과 연립 내각을 구성하고 있다. FDP는 에르하르트 내각에 에리히 멘데(Erich Mende)를 부총리 겸 내독관계성 장관에 입각시킨 걸 비롯해 법무·재무·과학연구·경제협력 등 총 5명의 각료(21개 부처 중)를 파견하고 있다. 중요한 자리는 이들이 맡고 있는 셈이다.

FDP는 1848년 독일 민주혁명 때부터 서남 독일에 바탕을 둔 자유민주주의 전통의 정당으로 전후 초대 당 대표였던 테오도어 호이스(Theodor Heuss)는 대통령으로까지 추대된 인물이었다. 멘데는 이 당에서 1960년 1월 이래 당 대표를 하고 있다.

FDP는 기본적으로 CDU와 같은 보수정당인 동시에 자본주의적 정당이다. 정책이나 이념에 있어서 별 차이가 없다. 이건 FDP가 정당으로서 존재 이유가 희박하다는 걸 뜻하기도 한다. 사실 FDP는 전후 총선마다 당세가 쇠퇴해 왔다. 독일 정계는 기독민주동맹과 사회민주당 양당 체제로 재편되는 형국이어서 FDP는 한때 서독 특유의 선거제도인 '5조항'(1953년에 신설된 독일 연방 선거법에 따르면, 정당 후보자 명부에 의해 의석을 배분 받으려면 적어도 전체 투표자의 5% 이상 득표하거나 3개 이상의 지역구에서 승리해야 하는 규정이다.) 룰에 걸려 소멸될 위기에 부닥치기도 했다. 그래서 FDP는 항상 자기 존재를 분명히 밝혀 CDU의 거대한 영향력 속에 빠지지 않으려고 애를 쓰고 있다. 대표적인 게 바로 독일 문제다. 이들은 CDU보다 대담한 민족주의적 색채를 띠고 있다.

멘데는 FDP를 '독일 통일을 위한 기관차'로 만들길 염원한다. 그 바탕에서 스스로 내독관계성의 장관으로 활약하고 있는 셈이다. 1963년 크리스마스 당시 동서 베를린 통행에 관한 협정을 체결한 것도 멘데가 주도권을 쥐고 교섭했던 결과다. 그 연장선에서 그는 동서독의 접촉 확대에 힘을 기울이고 있다. 하지만 멘데의 이와 같은 정책 방향이 동독을 사실상 승인하는 문제로 이어지지 않을까 우려하는 목소리가 있는 것도 사실이다. 서독 정부 내 다수 여당인 CDU는 이러한 접촉 확대가 동독의 지위 향상 또는 사실상의 승인으로 갈 위험성이 있다고 우려하고 있다.

실제로 FDP가 내부적으로 '지역 간 교역신탁관리소'를 '전독일 연락기구'로 개조할 것을 주장했다는 보도가 프랑크푸르터 룬트샤우(Frankfurter Rundschau)지에 실리자 본이 발칵 뒤집힌 적이 있다. 제1 여당인 CDU는 강력히 반대 의사를 표명했다. CDU 일부에서는 FDP의 주장을 '위험한 모험'이라고 비판하기도 했다. 그 일파의 리더는 전 외무장관인 하인리히 브렌타노(Heinrich von Brentano)인데 그는 1962년 연립 정부에 FDP가 참가하게 되자 "그들의 합류가 서독 정부의 정책을 위험한 곳으로 이끌 가능성이 높다."며 자기는 책임지기 싫다고 입각을 거부했다는 설도 있었다. CDU 연방의회의 원내 부대표인 빌 라스너(Will Rasner)는 8월 24일 기자들에게 다음과 같은 견해를 발표했다.

1. 동독과 접촉을 위해 전독일 연락기구를 만드는 것을 명백히 거부한다. 이건 동독이 제창하는 '두 개의 독일론'을 합리화시켜주는 것

이다.
2. 멘데 부총리나 FDP 원내대표 모두 FDP의 계획에 대해 지금까지 시사한 바가 전혀 없다.
3. FDP와 연립 상태는 좋다. 그러므로 CDU는 이 문제에 대해 태도를 명백히 할 필요가 있다.
4. SPD (사회민주당)도 1958년 이와 비슷한 연락기관을 두자는 제안을 했지만 그때도 이를 의제로 다루는 것을 거부한 바 있다.

CDU의 이와 같은 반발로 서독의 연립 정부는 사실상 위기에 처했었다. 본이 한창 시끄러운데도 멘데 대표는 여름휴가 차 발트해 연안으로 떠났고 기자들이 그곳까지 찾아가도 만나주지 않았다. 침묵을 지키던 그는 8월 28일에 이르러서야 기자회견을 열고 입장을 표명했다. 그는 문제의 핵심이 된 대동독 접촉기관에 대해서 지역 간 교역신탁관리소를 개조해 장차 이 기관의 장이 동독 측과 모든 교섭을 담당하게 해야 하며, 그 기관은 독립기관으로 할 게 아니라 내독관계성 산하에 두어야 한다고 했다. 그가 기자회견에서 밝힌 FDP의 대동독 정책의 골자는 다음과 같이 요약될 수 있다.

"현재 지역 간 교역신탁관리소의 구성은 실효적이지 못하다. 이것은 앞서 베를린 통행증을 둘러싼 교섭, 상호 간 법률적 원조에 대한 변호사 접촉, 철도·우편 등의 기술적 문제, 잘레교 재건 교섭 과정 등에서 명백히 드러났다. 따라서 나는 이 기구를 개조해 내독관계성 밑에 둘 것을 제안한다. 내독관계성이 중앙기구로 존재하는 이상 대동독 접촉 강화를 위해 약간의 개혁이 필요하다. 잘레교 재건 협약의 경우도 정치적 조정이 필요했으나 내독관계성 장관이 교섭에 참여하지 못했다. 또 협정 조인 전에 협정문을 보여주지도 않았다."

신문에 보도된 독일 문제에 대한 안은 사실 비밀문서도 아니고 개인적인 안에 불과했다. 멘데 대표의 기자회견으로 1964년 여름의 독일 문제 소동은 일단락되었다. 에르하르트 총리는 멘데의 제안에 우호적이지 않은 듯하지만, 양 국가 간의 비정치적인 접촉은 날이 갈수록 확대될 게 틀림없다. 경제적으로 부강해지고 민족의식 또한 강한 서독 사람들은 양쪽을 갈라놓은 장벽에 얽매이지 않고 여전히 동독 사람들을 동족으로 여겼다. 통일에 대한 문제도 이런 바탕 위에서 자유롭게 논의되고 있었다. 하지만 국제 정치의 현실에 민감한 그들은 동독과 계속 접촉은 하면서도 동시에 그 정권을 인정하지는 않겠다는 원칙을 고수하는 자제력도 함께 지니고 있었다.

―――― **라인강의 기적**

베를린에서 브란덴부르크 장벽을 본 뒤 본으로 돌아온 9월 12일 밤이었다. 호텔 스카이라운지에 앉아 있는데 눈물이 났다. 마침 윤보선 대표최고위원으로부터 국제전화가 걸려 와 민정당 내 복잡한 정세(1964년 8월 2일 국회에서 언론윤리위 법안이 통과되었다. 야당인 민정당 내에서는 유진산 의원이 공화당 측과 암약을 맺었기 때문이라는 소문이 돌았다. 그리고 이는 심각한 당 내분으로 이어졌다. 윤보선 대표는 "진산 같은 사람과는 당을 같이 할 수 없다."며 맹공을 퍼부었고, 결국 10월 8일 민정당 의원총회에서 유진산 의원은 제명되었다(1차 진산 파동). 유 의원은 법정 다툼 등 우여곡절 끝에 당원 자격을 회복했으나 야당은 깊은 상처만 안게 되었다. 해당 전화는 유진산 의원 제명을 앞두고 베를린에 있던 김영삼 대변인에게 윤보선 대표가 지지를 요청하는 전화를 한 것으로 보인다.)를 들었던 탓도 있겠지만, 눈 앞에 펼쳐진 라인강을 보니 나의 상념이 한강이나 낙동강으로 달려갔던 이유에서다. 남들은 인내와 노력, 단합으로 폐허 위에서 기적으로 불리는 번영을 이룩했건만 우리는 여전히 굶주림과 헐벗음에서 벗어나지 못하고 있다. 그 안타까운 조국의 현실이 라인강 위에 겹치며 가슴 속에서 뜨거운 무언가가 솟아올랐다. 라인강은 밤이 깊었음에도 산더미 같은 짐을 실은 커다란 화물선들이 꼬리에 꼬리를 물고 흘러가고 있었다. 밤낮으로 쉴 새 없이 오대양 육대주를 향해 흘러가는 저 화물선이 바로 기적이지 않겠는가. 이곳 사람들 말을 들어보니 라인강에서만도 2분마다 한 척꼴로 수출선이 지나간다고 한다. 그런데 서독 사람들은 그들의 성공을 '기적'이라고 표현하면 화를 낸다. 전쟁의 폐허에서 남들보다 부지런히 일하고 단결해서 얻은 부이지 결코 기적이 아니라고 말이다.

　서독의 경제는 정말 급속도로 성장하고 있다. 나머지 유럽 국가들은 올해 상반기 인플레이션과 무역 수지 불균형으로 제법 고생했지만, 서독만큼은 여전히 상승일로를 달리고 있다. 프랑스의 무역 수지는 1964년 1월부터 4월까지 전년동기 대비 약 2배의 적자를 기록해 올해 7억 달러 정도의 적자를 기록할 것으로 예상되고 있고, 영국도 6월에 이미 3억 1천만 달러의 무역 수지 적자를 기록했다. 이런 상황 속에서 서독만큼은 성장에 성장을 거듭하고 있다. 서독의 1964년도 1분기 수출은 전년 동기보다 19.5%를 상회했는데 같은 기간 수입 증가율인 9.2%를 빼더라도 7억 7천만 달러의 흑자를 낸 셈이 된다. 6월 말 현재 무역 흑자가 10억 달러에 달한다고 하니 정말 놀랄 일이다.

기적을 낳은 라인강 - 1만 톤 급 화물선이 지나가고 있다.

서독은 미국 뒤를 바짝 쫓고 있다. 자동차 생산에서도 미국의 뒤를 잇는 세계 제2의 자동차 생산국이다. 자동차 생산 대수는 1960년 166만 대에서 176만 대, 197만 대, 220만 대 등 해를 거듭하며 증가하고 있고 올해도 상반기에 벌써 130만 대를 돌파했다고 한다. 1964년 말에는 250만 대를 넘어설 것으로 예상된다. 이탈리아에서는 지난해 18만 9천 대의 외제차를 수입했다. 그런데 그 중 약 5만 대가 독일 서부의 대표적인 자동차 폭스바겐이었다.

서독의 외환보유고는 1951년 5억 1,900만 달러에서 지난해 70억 달러를 넘어섰다. 이 사실 하나만으로도 서독의 경제가 얼마나 비대해졌는지 알 수 있다. 서독의 연간 수출액은 약 120억 달러로 미국(약 250억 달러)에 이어 세계 2위다. 참고로 3위는 영국(약 100억 달러), 4위는 프랑스(약 80억 달러), 5위는 이탈리아(약 70억 달러)다.

그런데 이들도 이제 심각한 노동력 부족에 직면해 있다. 덕분에 노동자들의 임금은 꾸준히 늘었고 근로 시간은 줄어들었다. 1950년만 하더라도 독일인은 한 주에 49.4시간을 일하고 102.65 마르크를 받았는데 이제는 한 주에 45.4시간을 일하고 172.18 마르크를 받는다. 여기에 유급휴가도 연장되었고 휴가 수당도 증액되고 있다. 이러한 서독의 경제는 급격한 사태 변동이 없는 한 계속 성장할 것이라는 게 이곳 경제 전문가들의 공통된 견해다.

덧붙여 하나만 더 말하자면, 서독의 마르크와 미국의 달러는 4대 1의 교환 비율을 가진다. 미화 1달러가 4마르크가 된다. 그런데 이곳 은행에서는 3.9대 1의 비율로 바꿔준다. 서독뿐 아니라 유럽 다른 나라를 여행하면서도 마르크의 인기가 상당함을 느낄 수 있었다. 유럽에서 마르크는 사실상 달러처럼 통용되었다.

## ───── 흐루쇼프의 서독 접근

본에서는 1965년 초쯤으로 예상됐던 흐루쇼프의 서독 방문을 준비하고 있었다. 이는 결국 흐루쇼프의 돌연한 실각으로 빛을 보지는 못했지만, 그의 서독 접근정책은 음미해 볼 만한 일이었다.

흐루쇼프는 지난 7월 그의 사위이자 이즈베스티야(Известия) 편집장인 아즈베이(Алексей И. Аджубей)를 본으로 보내 서독과 외교적 접촉을 갖는가 하면, 8월에는 동독의 울브리히트 정권에 명해서 1천 명의 정치범을 서독과 교환하게 했다. 서독 방문 예정을 발표한 것도 이즈음이다.

흐루쇼프는 체코슬로바키아 방문 중 프라하에서 소련, 체코, 핀란드, 헝가리, 불가리아 등 소련권 5개국 외상회의를 비공식으로 열고 서독에 관한 새로운 외교 노선의 조정을 시도했다. 여기에 동독은 참가하지 않았는데 흐루쇼프의 서독 방문에 불만을 가져서 그런 것으로 해석되고 있다. 폴란드와 헝가리는 동독의 반대에도 불구하고 부다페스트와 바르샤바에 서독 통상대표부의 설치를 인정했으며, 불가리아도 동독의 항의를 물리치고 서독과 장기 통상 협정을 맺었다. 이를 두고 베이징의 인민일보는 "흐루쇼프가 동독을 서독 정권에 팔아버리려 한다."고 비난했다.

흐루쇼프는 왜 동독이 반대하는 서독 방문을 추진했을까? 그건 아마도 오늘날 서독이 경제적 측면에서 무시할 수 없는 존재가 되어가고 있다는 증거로 봐야 할 것 같다. 실제로 유럽에 와 보니 인접국 인사들이 독일의 통일을 두려워하고 있는 걸 느낄 수 있었다. 반쪽짜리인 서독도 경제적으로 유럽의 여러 전승국을 앞서고 있는데 독일이 통일되는 날이면 어떤 일이 벌어질지 우려하고 있는 것이다. 그렇다면 흐루쇼프가 서독에 다가가며 노린 건 무엇이었을까? 서독의 핵무장을 막는다든가 동서독의 무역 관계를 더욱 밀접하게 한다든가 하는 목적이 있었을 것이다. 혹은 중국과 손잡으려는 드골의 프랑스를 고립시키려는 목적일 수도 있다.

여하튼 이제 서독은 소련까지 머리를 숙일 정도로 부강해졌다. 그 때문인지 서독 사람들은 통일 문제에 관해 항상 자신감에 차 있었다. 초조해하거나 서두를 필요가 없다는 것이다. 이미 독일에서는 언제 어떤 방법으로 통일 선거를 하든 서독이 이긴다는 게 기정사실이 되었다. 나는 동서 베를린의 경계에 있는 전망대에서 양쪽 시가를 내려다보며 그걸 느낄 수 있었다. 이미 동서독의 승부는 끝났다. 브란덴부르크 장벽 너머로 보이는 동베를린과 이쪽 서베를린의 풍경이 그걸 말해주었다. 동베를린에는 아직도 전쟁에 부서진 건물들이 복구되지 못한 채 그대로 남은 게 많이 보였는데 서베를린은 완전히 복구되어 화려하게 꾸며져 있었다. 한마디로 동베를린이 '죽은 도시'였다면 서베를린은 활기 넘치게 '살아 있는 도시'였다.

# 평화의 나라 스위스

제2차 세계대전도 비껴간 영세중립국 스위스는 확실히 평화의 이상향이다. 인구 560만 명의 이 작은 나라는 이탈리아, 프랑스, 독일 등 3개국과 국경을 맞대고 있는데, 그 국경이라는 게 사실상 없는 거나 다름없이 개방돼 있다. 국경선에는 양국의 경찰관 각 두 명이 서 있을 뿐이었다. 통행인은 신분증 하나만 보여주면 자유롭게 왕래할 수 있었다. 그래서인지 제네바시의 시민들은 10분만 가면 닿는 국경을 넘어 프랑스를 이웃집 드나들 듯 다닌다고 한다. 프랑스에서 사는 쇠고기가 제네바에서 사는 것보다 싸기 때문이다. 반대로 스위스와 가까운 지역에 사는 프랑스 사람들은 휘발유 가격이 싼 제네바로 와서 자동차 기름을 채운다.

스위스에는 자기 나라 고유의 언어가 없다. 그래서 이 나라 학교들은 학생들에게 프랑스어, 독일어, 이탈리아어를 같이 가르친다. 프랑스와 가까운 지역에 사는 사람들은 프랑스어를, 독일과 가까운 지역에 사는

제네바의 유명한 꽃시계 앞에서

사람들은 독일어를, 이탈리아와 가까운 지역에 사는 사람들은 이탈리아어를 많이 쓴다. 과거 UN 본부가 있었고 국제회의가 자주 열리는 도시로 우리에게 잘 알려진 제네바(인구 25만 명)는 프랑스에서 멀지 않은 까닭에 프랑스어를 많이 쓴다. 화폐도 이들 3개국의 화폐가 모두 통용된다. 마치 프랑스, 독일, 이탈리아를 한데 묶은 것처럼 말이다.

스위스는 유럽에서 손에 꼽는 관광국이기도 하다. 이들은 알프스의 아름다운 산맥과 이를 배경으로 한 아름다운 호수들을 갖고 있다. 그래서 유럽을 여행하는 이들은 스위스를 빼놓지 않는다. 스위스는 어딜 가나 꽃밭이었는데 하도 많아서 오히려 꽃의 가치가 흐릿해질 정도였다. 길거리에 꽃으로 만든 시계도 있었는데 그 시계가 연중 1초도 틀리지 않는다는 점이 재미있었다.

나는 제네바에서 자동차로 한참을 달려 국경을 넘은 뒤, 알프스 최고봉이 있다는 몽블랑으로 향했다. 다행히 케이블카로 3,842m를 올라갈 수 있었다. 산 정상은 4,800m. 그러나 그곳까지는 케이블카가 가지 않았다. 내가 몽블랑에 간 날은 9월 13일이었다. 유럽 전체적으로 아직 더위가 가시지 않은 시기였지만 산정에는 눈이 하얗게 덮여 있었다. 나는 알프스에 눈이 덮여 있을 거라고는 미처 생각지 못하고 여름 양복을 입은 채 그대로 올라갔다가 혼자서 덜덜 떨어야 했다. 창피하게도 다른 등산객들은 모두 겨울 옷차림이었다.

무심코 여러 사람 틈바구니에 끼어 산 정상을 향해 올라가는데 한 여성이 갑자기 내 얼굴을 향해 눈 뭉치를 집어 던졌다. 처음엔 뭐 이런 정신 나간 사람이 다 있나 하고 어리둥절하게 서 있는데, 알고 보니 이곳에 오면 초면이라도 친한 친구같이 허물없이 눈장난을 하는 모양이었다. 그

알프스의 최고봉 몽블랑에서 –
3,842m 고원에는 백설이 덮였는데 필자는 여름옷을 입고 떨고 서있다.

래서 나도 눈 뭉치로 응수했다. 덕분에 감기에 걸리긴 했지만 즐거운 시간이었다.

스위스는 알프스뿐 아니라 그 밖에도 많은 관광자원을 가지고 있다. 1년 관광 수입만 해도 4억 달러가 넘는다고 한다. 그걸 보면 연간 수출 목표액을 1억 2천만 달러로 세우고 고생하고 있는 우리나라의 사정이 딱하다는 생각이 들었다.

한편 스위스는 시계 수출의 왕국으로도 널리 알려져 있다. 그리고 정치가 불안정한 남미 혹은 중동 지역의 통치자나 왕실에서 중립국인 스위스의 은행에 많은 돈을 예금하는데, 그것도 스위스에게 큰 이익을 가져다주고 있다.

우리나라 인구의 5분의 1에 불과한 이 나라가 그 많은 전쟁의 와중에서도 피해 없이 오늘날 유럽에서 가장 잘 사는 복지국가로 발전해 온 건 일찍이 '중립'의 간판을 내건 이 나라 선조들의 정치적 총명함 덕택이 아닌가 싶다.

# 관광 왕국
# 이탈리아

## ——— 거지의 휴업 공고

이탈리아는 관광 왕국이다. 내가 로마에 도착한 9월 중순에도 이탈리아에는 많은 관광객이 물결치고 있었다. 로마 제국의 흥망성쇠가 아로새겨진 고적(古蹟)을 잘 보존하고 있는 덕택에 이탈리아는 관광 왕국이 될 수 있었다. 로마 시대의 찬란한 문화가 담긴 유적들은 물론이고, 화산 폭발로 묻혔던 옛 도시 폼페이에도 많은 관광객이 방문했다. 한해 이탈리아에 방문하는 관광객은 약 2천 300만 명, 덕분에 이탈리아가 한 해 올리는 관광 수입은 무려 8억 달러에 달한다고 한다. 2위는 프랑스(6억 3,100만 달러), 3위는 영국(5억 4,300만 달러), 4위는 서독(5억 4천만 달러)이다.

로마나 폼페이 같은 고대 도시에서는 돌멩이 하나, 흙 한 줌이 모두 금덩어리같이 값진 문화재다. 그래서 이탈리아 정부는 이들 국보를 보존하기 위해 많은 노력을 기울인다. 로마 시민들이 자기 집을 마음대로 증

바티칸과 로마시의 경계선에서

축하거나 개조하는 건 불가능하고 심지어 페인트칠을 하는 것도 정부의 허가를 얻어야 한다. 덕분에 로마는 옛 모습을 그대로 간직한, '영원히 변치 않는' 도시가 되었다. 대통령 관저도 페인트칠을 하지 않아 고색이 창연한 그대로였다.

로마에서 차로 약 3시간을 달리면 닿을 수 있는 폼페이도 마찬가지였다. 폼페이는 땅속에 묻혔던 도시를 그대로 파내 보존하고 있었는데 쓰러지다 남은 벽돌이며 돌로 잘 포장된 도로 등 2천 년 전 화려했던 모습이 그대로 간직되어 있었다. 관광객들은 이 폼페이의 잔해들을 보려고 돈을 내는 것이다.

이탈리아는 관광뿐 아니라 공업도 상당히 발전된 국가다. 연간 수출액이 70억 달러에 달한다. 외환보유액은 100억 달러에 육박한다. 특히 자동차 공업은 한 해 90만 대나 생산할 만큼 발달해 있다. 추축국의 일원으로 2차 대전에서 패배할 때만 하더라도 노동력을 수출해야 할 만큼 가난한 나라였지만 이제는 실업자가 적고 생활 수준도 향상된 선진국이 됐다.

이탈리아인들은 여느 유럽의 선진국처럼 여행을 즐기고 있었다. 내가 로마에 머물렀던 9월 중순까지 하계휴가를 떠난 사람들이 돌아오지 않아 로마에서 보이는 사람 중 이탈리아인보다 외국인이 더 많이 보였을 정도다. 이런 '레저 붐'에는 거지도 한몫하고 있었다. 바티칸 교황청으로 가는 길에는 바티칸시와 로마시를 구별하는 국경선이 있다. 그런데 그 국경선에 세워놓은 나무 울타리에 조그마한 패 하나가 걸려 있는 게 보였다. 가까이 가보니 "여름휴가 다녀오겠습니다. 돌아오거든 계속해서 잘 봐주세요."라는 말이 쓰여 있었다. 주변에 물어보니 그 주인공은 바티

로마 퀴리날레 궁전

발굴된 2,500년 전의 도시 폼페이에서

칸 입구에서 관광객을 상대로 구걸하는 거지란다. 거지도 여름휴가를 위해 휴업을 공고하는 것이다. 우리나라의 형편을 생각하면 정말 부러운 일이었다. 거지의 이 인사문이야말로 오늘날 유럽의 생활 수준을 상징적으로 표현하는 게 아닌가 싶다.

## ── 골치 아픈 정치 불안

어디를 가나 호경기에 골목마다 노랫소리가 들려오는 평화롭고 낭만적인 이탈리아이지만 고민이 없는 것은 아니다. 이탈리아는 여전히 유럽에서 불신받고 있는 나라다. 특히 도둑이 많고 남을 잘 속이기로 악명이 높다고 한다. 나도 이탈리아에서 "소매치기를 조심하라."는 주의를 여러 번 들었다. 신경 쓴 덕분인지 소매치기를 당하지는 않았다. 그러나 관광객을 상대로 바가지를 씌우는 건 어쩔 수 없었다.

게다가 이탈리아는 현재 심각한 정치 불안에 싸여 있다. 여당인 기민당이 의회 의석의 과반을 차지하지 못해 사회당과 연립 내각을 구성하여 정권을 꾸려나가고 있는데 여기에 공산당 세력이 의회에 다수 진출하며 혼란이 거듭되고 있다. 이탈리아에는 등록된 공산당원만도 170만 명에 달하며 630석의 의회 의석 중 166석을 공산당이 차지하고 있다. 서유럽에서 공산당 세력이 가장 강한 나라가 바로 이탈리아다. 그 때문인지 노동조합의 힘도 막강하다. 정부 국장급까지 노조에 가입하고 있는데, 그로 인해 한 번 파업하면 정부 기능이 완전히 마비될 정도라고 한다. 또 하나의 고민거리는 바로 농촌의 공동화다. 이탈리아에서는 도시 공업이 발달하니까 농민들이 모두 일자리를 찾아 도시로 모여드는 현상이 가속화되고 있다고 한다. 비록 우리는 이탈리아처럼 문화재로 많은 돈을 벌고 있지는 못하지만, 이촌향도라든가 정치 불안에 있어서는 닮은 점이 많은 것 같았다.

# 고민하는
# 인도

## ──── 기아선상의 4억 명

네루(Pandit J. Nehru)가 없는 인도는 어딘가 불안하고 허전해 보였다. 중립주의 종주국으로서 세계 정치 무대에서 큰 영향력을 가졌던 인도. 그러나 중국군이 히말라야를 넘어온 이래 그 중립주의의 가치마저 퇴색되었고 거기에 위대한 지도자 네루를 자무나강에서 한 줌의 재로 흘려보낸 뒤엔 4억 5천만 명의 대가족을 이끌어야 한다는 심각한 고민에 싸여 있는 듯했다.

인도는 원래 용공 국가였다. 하지만 중국의 국경 침범이라는 충격적인 사건을 계기로 반공으로 뱃머리를 돌렸다. 게다가 오늘날의 인도는 미국의 군사원조와 식량 원조에 크게 기댈 수밖에 없는 현실에 처해 있다. 이곳에 주재하는 미국 외교관들이 우대받고 있는 이유도 거기에 있는 것 같았다. 인도의 주요 항구마다 정박해 있는 화물선과 그 마스트(돛대)에서 펄럭이는 성조기가 발휘하고 있는 힘이었다.

필자에게 구걸하기 위해 몰려든 가난한 사람들

인도는 히말라야에서는 중국의 위협을 받고 있고 카슈미르에서는 파키스탄과 긴장 상태에 놓여 있다. 이들로서는 미국의 군사, 식량 원조에 마음이 끌리지 않을 수 없는 상황인 게 사실이다. 무엇보다 식량 문제가 극심하다. 인도는 4억 5천만 인구 중 8할이 농민인 농업국가이지만 식량 자급은커녕 대부분의 국민이 기아선상에 허덕이고 있을 만큼 배고픈 나라다. 4억 5천만 명 중 평균적으로 하루에 한 끼밖에 못 먹는 사람이 4억 명에 달한다고 한다. 나머지 5천만 명 정도만 그나마 제대로 먹고산다.

9월 17일, 나는 인도의 수도 뉴델리에 도착해 20일까지 3일 동안 시내 이곳저곳을 둘러보았다. 350만 인구가 사는 대도시 뉴델리 한복판에서도 기아에 허덕이는 국민의 참상을 역력히 볼 수 있었다. 굶주린 사람들이 길바닥에 나뒹굴고 있었으며 뼈만 앙상하게 남은 노숙인이 길바닥에 앉아 말 한마디 하지 못하고 손만 내미는 장면을 곳곳에서 볼 수 있었다. 인도 사람들은 골격이 크고 외모도 잘생긴 민족인 것 같았다. 특히 여자들은 미인들이 많았는데 그 좋은 체격이 제대로 먹지 못해 해골처럼 말라 있었다. 보기에 딱했다.

대중은 이렇게 굶고 있지만 잘사는 사람들은 또 엄청난 부자다. 인도에는 아직 카스트제도라는 전근대적인 계급 제도가 남아 있다. 그 때문인지 국민들의 생활 수준 격차도 너무 심했다.

뉴델리에서 재미있는 일화가 하나 있었다. 인도에서는 아직도 시계를 희귀한 보물로 생각하는 것 같았다. 시내를 걸어 다니는 데 사람들이 여러 차례 "몇 시냐?"고 물어 왔다. 그런데 그들이 시간을 묻는 게 정말 시간이 궁금해서가 아니라 그저 시계를 구경하고 싶어서 그랬던 것 같았다. 실제로도 뉴델리에 있는 동안 일반 서민들이 시계를 차고 있는 모습을 거의 보지 못했다. 한번은 자전거 탄 청년이 내게 시간을 물었다. 나는 시간을 알려주려고 시계를 본 뒤 고개를 들었는데 그가 이미 자전거를 타고 저만치 가버리는 게 아닌가. 아마 그는 시계를 본 것만으로도 용건을 끝낸 모양이었다.

### ── 아직도 네루가 통치하는 나라

인도 의회는 네루가 이끌던 국민회의파(하원 550명 중 370명)가 주도하고 있었고, 정부 역시 네루의 후계자인 샤스트리(Lal B. Shastri) 총리가 이끌고 있었다. 꼭 이게 아니더라도 인도라는 나라는 아직 네루의 영혼이 지배하고 있는 듯한 인상을 받았다.

그러한 일면을 볼 수 있었던 건 의회에서다. 9월 18일 인도 의회에 방문했을 때 고속도로 건설에 관한 대정부 질문이 있었다. 야당은 고속도로 공사 현장에서 노동자가 더위로 죽어나고 있다며 공사를 중단해야 하지 않느냐고 따졌다. 그런데 정부 측 관계자의 답변은 "고속도로 공사는 네루 총리가 시작한 건데 어떻게 중지할 수 있겠느냐?"며 "우리 위대한 지도자 네루가 설마 국민에게 해가 될 일을 했겠느냐!"는 것이었다. 그런데 신기하게도 네루가 한 일이라는 답변이 나오자 야당도 더 이상 시비를 따지지 않았다. 그만큼 네루의 후광은 여전했다. 비록 그는 죽었지만, 그의 영혼이 여전히 인도를 이끌고 있었다.

### ── 언어장벽

인도의 발전을 가로막는 요인들은 여러 가지가 있겠지만 언어장벽은 네루처럼 위대한 지도자마저도 없애지 못할 만큼 심각한 문제다. 인도에는 무려 300여 가지의 언어가 통용되고 있다. 오죽하면 주나 고을마다 말이 달라서 의사소통이 안 될 정도다. 영국이 150년 동안 인도 대륙을 식민지로 통치했지만, 오늘날 영어를 이해하는 사람은 전체 국민의 2%에 불과하다. 문맹자도 80%에 달한다.

미국이 독립한 지 200년도 안 되어서 세계 최대 강대국으로 발전할 수 있었던 큰 이유 중에는 단일 언어라는 점도 포함될 것이다. 미국의 크기는 인도의 3배나 되지만 어딜 가나 같은 언어를 사용한다. 라디오나 TV는 말할 것도 없다.

그러나 인도는 같은 의회 안에서도 서로 말이 안 통할 때가 있다. 한 의원이 연설을 해도 못 알아먹는 의원이 있는데, 그야말로 우이독경처럼 반응이 없다가 번역이 되어 나올 때 비로소 반응을 보인다. 국회에서 공용어로 사용하는 언어만 해도 14개나 된다고 한다.

인도는 18년 전 영국으로부터 독립한 직후 영어를 쓰지 않기로 했다. 그러나 언어가 워낙 많아 불편이 컸고 결국 다시 15년간만 관공서 등지에서 영어를 공용어로 쓰기로 임시 조치했다. 내가 뉴델리에 있을 때도 영어 폐지 시기를 당분간 더 연기해야 한다는 주장이 나오고 있었다. 아직도 "이게 인도 말이다."라고 할 만큼의 언어 통일이 이루어지지 않았기 때문이다.

─── **이상한 결혼제도**

인도의 가난은 결혼제도 때문인 것도 같다는 생각이 들었다. 인도 사람들은 딸을 낳으면 그 집안은 망했다고 봐야 한다. 이 나라의 결혼은 기본적으로 중매 결혼을 원칙으로 한다. 그런데 성혼의 전제 조건으로 여자 쪽 집안이 막대한 재산을 남자 쪽에 바쳐야 한다. 결혼의 조건은 사람보다 재산에 의해 좌우된다. 먼저 중매인을 통해 제공할 재산의 목록을 전달한다. 보통 소, 오토바이, 보석 등 수십 가지가 되는데 이게 합의가 되면 결혼 서약서에 도장을 찍고 혼인이 성립된다.

그런데 문제는 여기서 그치지 않는다. 결혼식 날이 되면 신랑집에서 온 마을 사람 수십 명을 데리고 신붓집으로 향한다. 이렇게 집단적으로 가는 건 여자 쪽 집에서 인수한 물건을 강도들에게 빼앗기지 않고 가져오기 위함이다. 옛날에는 이렇게 많은 물건을 받아오다 보면 산적들에게 빼앗기는 경우가 많았는데, 이를 호송하기 위해 많은 마을 사람과 동행하는 게 풍속처럼 되었다고 한다. 이들 일행이 신붓집에서 3일간 묵고 약속된 물건을 인수해야 성혼이 이루어지는데, 이 물건 명도에서 불평불만이 발생하지 않아야 한다. 만일 서약한 물건이 마음에 들지 않아 시비가 붙으면 그 많은 일행이 몇 날 며칠이고 문제가 해결될 때까지 그 집에 눌러앉는다고 한다. 그러니 인도 사람들이 딸 하나 시집 보내고 나면 집안이 망한다고 울상을 짓는 게 아닌가.

(인도의 결혼지참금(dowry) 문화. 인도는 1961년 '지참금 금지법'을 제정했으나 신부 측이 신랑 측에 일방적으로 현금이나 물건을 주는 다우리 풍습은 불법적으로 유지되었다. 세계은행 리서치그룹에 따르면 1960년에서 2008년까지 농촌 결혼의 약 95%가 지참금을 주었고, 2007년 인도 농촌의 평균 순지참금은 연간 가계소득의 14%에 해당하는 금액이었다고 한다.)

───── **성우(聖牛) 사상**

인도인은 아무리 굶더라도 절대 소를 잡아먹지 않는다. 힌두교 교리에 따라 소를 성스러운 존재로 보기 때문이다. 그래서 인도에는 소가 정말 많다. 때로는 뉴델리 시내 한복판을 떼 지어 돌아다니기도 한다. 인도도 소로 농사를 짓긴 하지만 그렇다고 혹사하지는 못한다. 소떼들이 자동차를 가로막더라도 경적을 심하게 누르지 않으며 '우공(牛公)들이 자진해서 물러가실 때까지' 기다린다. 그러나 제대로 먹지 못해 뼈만 앙상하게 남은 건 소도 마찬가지다.

뉴델리 교외에서
코끼리를 탄 필자

4억 5천만이나 되는 인구가 소를 먹기 시작하면 아마 인도의 소는 며칠 안 가 씨가 말라버릴 것이다. 그러나 힌두교가 교리로 이를 금함으로써 소의 개체종이 자연스럽게 보호되고 있는 셈이다.

### 한·인 친선 희망하는 정치인들

인도가 가난하긴 해도 의회 건물만큼은 정말 웅장했다. 그리고 아름답게 꾸며져 있었다. 이곳에서 인도 상원의 부의장인 바이올렛 알바(Violet H. Alva) 여사는 나를 위해 특별한 가든파티를 열어주었다. 의사당 가운데 아담한 잔디밭에서 열린 가든파티에는 야당 대표를 비롯해 약 30명의 국회의원들이 참석해 나를 반갑게 맞아주었다. 모두가 인도 고유의 힌두 복을 입고 있었는데 어딘가 대국의 지도자다운 긍지가 풍겼다.

인도의 정치인들은 한국을 이해하려고 노력하는 눈치였다. 그들은 한국과의 친선을 희망하기도 했다. 이들 대부분은 과거 영국에 맞서 독립운동을 한 애국지사 출신들이었는데 영국보다는 중국의 인도 국경 침범을 상기하며 "공산주의자들은 믿을 수 없다."고 비판하고 있었다.

알바 여사는 시간이 허락한다면 나를 제트기 공장을 비롯한 인도의 여러 곳을 보여주겠다고 했다. 하지만 나는 일정이 빠듯해 유감의 뜻을 표하고 다음 기회에 충분한 시간을 가지고 한 번 더 오겠다고 답했다. 대신 인도의 국회의원들이 한국을 방문하면 좋겠다고 제안했더니 알바 여사가 한번 검토해 보겠다고 대답했다. 인도의 정치인들은 진심으로 한국과 좋은 우방이 되길 바라는 것 같았다. 나 역시 우리나라가 인도와 긴밀한 관계를 맺었으면 좋겠다는 생각이 들었다. 경제적으로 봐도 인도는

필자를 위해 의사당 안의 잔디밭에서 가든파티를 마련해 주었다.

우리에게 분명 좋은 시장이 될 것이다.

　인도는 아시아에서 중국 다음으로 큰 나라다. 미국 스탠퍼드대학교 후버연구소의 유진 우 연구원도 "인도의 4억 5천만이 잠에서 깰 때 세계는 달라질 것"이라고 말했다. 인도는 분명 발전할 수 있는 저력이 있는 나라다. 넓은 평원에 매장된 자원이며 4억 5천만이라는 대가족을 가지고 있다. 무엇보다 가난하지만 소중한 정신적 지주들이 있다. 간디와 네루가 그렇다. 이 위대한 지도자들이 세워놓은 인도의 민족주의적 정신이 살아있는 한 인도는 전진할 것이다. 그런 점에서 양복을 입지 않고 전통의상을 입는 인도의 정치인들도 높이 평가할 만하다. 언젠가 인도는 일어선다.

왕비릉 타지마할

# 무기한 계엄국
## 태국

20세기 초 식민지 팽창 시대에도 정복당하지 않고 독립을 지켜온 가 하면, 오늘날 공산 세력의 위협을 받으면서도 큰 탈 없이 잘살고 있는 나라가 있다. 바로 태국이다. 나는 9월 20일 뉴델리에서 출발, 극동의 관문이라고 할 수 있는 방콕에 도착했다. 방콕은 아름다운 도시였지만 정말 숨막힐 정도로 더웠다. 불교의 나라인 까닭에 시내 곳곳에 불교사원이 많은 것도 특징이다. 이들 불교사원은 그 규모가 어마어마하게 크다. 온갖 보석이 박힌 값진 불상들도 인상적이었다. 3천만의 인구 중 불교 신도가 8할인 이 나라의 수도는 전반적으로 불교적 색채가 강했다.

미국과 유럽을 돌고 인도를 거쳐 이곳에 오니 확실히 사람들의 키가 작았다. 이걸 보고 벌써 고국이 가까워졌다는 느낌을 받았다. 오랜 여정에 지쳐 나라 생각이 나던 차에 반가운 일도 있었다. 호텔 라디오에서 우리나라의 히트곡인 '노란샤쓰 입은 사나이'가 들렸기 때문이다. 알고 보

태국의 불교사원

니 '노란샤쓰 입은 사나이'로 유명한 우리나라 가수 한명숙 씨가 동남아 순회공연을 하는데 이곳에서 꽤 많은 인기를 얻고 있다고 했다. 신문에도 한명숙 씨의 공연 광고가 크게 나 있었다. 내가 가는 곳에서는 한명숙 씨를 화제로 올리는 경우가 많았다. 이른바 '코리아 붐'이 일고 있었다. 무엇보다 한국이 알려지고 있다는 게 반가웠다. 한명숙 씨의 공연은 그 자체로 훌륭한 민간 외교가 되고 있는 것이다. 애국자가 따로 있나. 한명숙 씨처럼 자기가 맡은 일에 최선을 다하고 그것이 나라에도 도움이 된다면 그게 바로 애국자 아니겠는가. 이국땅에 흐르는 '노란샤쓰 입은 사나이'는 그야말로 '100만 불짜리' 한국 PR이었다.

태국의 정치는 제도적으로 민주화되지 못했다. 왕정을 기반으로 하며 정치 실권은 군부가 쥐고 있다. 총리인 타놈 끼띠카쫀도 군인 출신이다. 1932년 6월 인민당에 의한 무혈혁명이 있은 이래 혁명의 악순환을 거듭해온 이 나라는 사실상 줄곧 계엄령 상태에서 통치되고 있다고 해도 과언이 아니다. 2차 대전 이후 문치파(文治派)가 잠깐 집권했던 적이 있긴 하지만 이후 군부 쿠데타로 여러 차례 정권이 바뀌었다. 계엄령에 의한 군사 통치는 계속되었고 앞으로도 그럴 것 같다. 무기한 계엄국인 셈이다. 내년에 선거가 실시돼 민정이 수립될 거란 기대가 나오고 있기도 하지만 아마 민주주의 정치 체제를 갖추려면 시간이 좀 더 필요할 것 같다.

(타놈 끼띠카쫀(Thanom Kittikachorn)은 네 차례 총리를 역임하며 독재자라는 오명을 얻었다. 1971년 11월에는 친위 쿠데타를 일으켜 내각과 의회를 해산시켰다. 1973년 10월 탐마삿대학의 학생들이 민주화를 촉구하는 과정에서 유혈사태가 발생, 최소 46명이 목숨을 잃었고 이로 인해 자리에서 물러나게 되었다.)

태국에서는 어디를 가나 왕의 사진이 걸려 있다. 오랜 왕정에 젖은 탓

태국의 농촌 풍경

일까, 이 나라 사람들은 큰 불평 없이 왕을 존경하는 듯했다. 교육 수준은 우리만큼 높지 않다. 그건 방콕 시내를 맨발로 걸어 다니는 사람이 많은 것으로도 짐작할 수 있었다.

차를 타고 방콕 교외 농촌으로 가보았다. 농부들이 평화롭게 일하고 있었다. 이 나라는 주로 고무와 농산물을 수출하는데 거기에 관광객도 많이 모여든다. 그래서 연간 수출 실적이 7억 달러나 된다. 외환보유고도 6억 달러에 달한다.

태국은 유럽에서 중동을 거쳐 극동으로 오는 관문이다. 극동으로 오는 길에 방콕을 들리지 않을 수 없을 만큼 교통의 요충지에 있다. 동남아조약기구 시토(SEATO)의 본부가 이곳에 있다는 게 그걸 입증한다. 동시에 방콕은 아시아의 반공 거점이기도 하다. 그런데 이 나라에도 고민이 하나 있으니 바로 경제 대부분을 중국 화교들이 쥐고 있다는 점이다.

여느 동남아 국가들과 마찬가지로 이곳에는 우리나라의 무역관이 설치돼 있다. 우리는 연간 약 300만 달러어치를 이 나라에 수출하고 있다. 앞으로 더 늘어날 수 있다고 하니 우리도 이들에게 많은 관심과 노력을 기울여야 할 것 같다.

# 막사이사이 이전으로
# 후퇴한 필리핀

### ── 무법천지의 치안

9월 23일 방콕을 떠나 필리핀의 수도 마닐라에 도착했다. 마닐라는 아름답게 꾸며진 도시였다. 시민들의 생활 수준도 제법 높은 것 같았다. 그런데 이곳 관계자들에게 뜻밖의 충고를 듣고 놀랬다. 하나 같이 "가급적 영업용 택시를 타지 말라."는 것이다. 왜 그러냐고 물으니 "강도를 만나기 쉽다."고 한다.

실제로 필리핀은 치안 상태가 매우 안 좋다. 말 그대로 '무법천지'다. 백주에 강도가 횡행하고 날치기들이 설친다. 얼마 전 한국 군인 둘이 이곳에서 봉변을 당한 일도 있었다. 마닐라에 처음 온 그들은 호텔을 가기 위해 택시를 탔는데, 기사가 마치 옛날 알 카포네가 날뛰던 암흑가 같은 곳으로 차를 몰았단다. 으슥한 아지트에 차가 들어가자 육중한 철문이 내려졌고 뒤이어 튀어나온 강도들에게 두 군인은 돈이며 옷가지를 모두 빼앗긴 채 팬티 바람으로 쫓겨났다. 수도 치안 상태가 이 모양이면 나머지 지역은 불문가지다.

치안뿐만 아니라 관리들의 부패도 극에 달해 있다. 교통순경들은 오후 5시만 되면 철수해 버리고 운전자들로부터 뒷돈을 받기에 바쁘다고 한다. 주로 신문팔이 소년을 앞세워 돈을 받고 그들에게 커미션을 주는 식이란다. 이쯤 되면 필리핀이라는 나라는 막사이사이 전 대통령이 서거한 후 그 이전 시절로 되돌아간 게 분명하다.

(라몬 막사이사이(Ramón Magsaysay, 1907~1957)는 필리핀의 독립운동가, 정치인이다. 제2차 세계대전 중 게릴라를 이끌고 일본과 싸웠으며 종전 후 국방장관을 거쳐 1953년 대통령이 되었다. 공산주의 반정부 게릴라인 후크단에 대한 대대적인 소탕 작전의 성공으로 국민적 지지를 얻었다. 친인척·측근에 대한 특권을 철저히 배제하고 의전을 간소화하는 등 탈권위적 행보를 보였고, 교육·토지·복지 등의 분야에서는 진보적인 개혁정책을 폈다. 1957년 3월 비행기 추락으로 서거했다. 유산은 생명보험 증서 1매와 마닐라 교외의 낡은 집 한 채가 전부였다. 그의 공적을 기리기 위해 '아시아의 노벨상'으로 불리는 막사이사이상이 1957년 제정되었다.)

## 살벌한 정치 분위기

필리핀은 평화적 정권 교체 경험을 가진 나라다. 그런데 훌륭한 대통령이었던 막사이사이가 서거한 후 모든 질서가 엉망이 됐다. 정치는 혼란을 거듭하고 있다. 작년 지방선거만 해도 그렇다. 선거 과정에서 무려 50여 명의 사망자가 발생했다. 입후보자가 연설을 하다가 피살된 일도 있다고 하니 정말 무시무시한 일이다. 이러한 분위기 속에서 1965년 대통

마닐라시 전경

령 및 부통령 선거가 치러진다. 많은 이들이 벌써부터 많은 불상사가 발생하지 않을까 우려하고 있다.

현 마카파갈(Diosdado P. Macapagal) 대통령 정부가 국민의 신망을 잃고 있어 정권 교체의 가능성은 없지 않다. 그러나 야당의 분열 또한 국민에게 신뢰를 주지 못하고 있는 게 현실이다. 그래서 마카파갈 대통령이 재집권할지 모른다는 관측도 나오고 있다. 야당에서는 현재 상원의장인 마르코스(Ferdinand E. Marcos)와 여당에서 전향해 온 부통령이 대통령 후보를 놓고 치열한 다툼을 벌이고 있다. 보수 양당제인 이 나라는 여야 간 세력이 팽팽해 대립도 그만큼 심하다. 이 나라는 약 7천 개의 섬으로 구성되어 있는데 그런 까닭에 개표가 끝날 때까지 무려 한 달이 걸린다고 한다. 그만큼 선거 부정의 가능성도 크다. 지난날 우리나라에서 '올빼미 개표(개표 도중 일부러 전기를 내려서 캄캄해진 사이 부정을 저지르는 개표)', '닭죽 개표(야당 참관인에게 수면제를 먹이고 하는 개표)' 등이 유행했을 때 필리핀에서는 산에 있는 새와 토끼가 투표를 한다는 말이 있었던 게 기억났다.

하지만 필리핀은 연간 7억 달러 정도 수출을 올릴 만큼 경제력을 갖추고 있는 나라다. 몇 군데 농촌을 둘러보았는데 비록 조금 빈곤해 보이기는 했으나 나름 소박하게 잘살고 있었다. 필리핀은 300년가량 스페인의 지배를 받은 뒤 이어 약 60년간 미국의 통치를 받았다. 그래서 동양에서 가장 서구화된 나라다. 언어도 사실상 영어로 통일돼 있고 생활 양식도 서구화되어 있다(물론 정신만은 서구화되어 있지 않다). 그리고 국민의 80%가 가톨릭 신자다. 가톨릭이 사실상 국교처럼 된 이 나라에서 그렇게 범죄가 횡행한다는 게 이해가 안 가는 일이다.

필리핀은 어쩌면 동양에서 가장 많은 혼혈이 있는 민족인지도 모르겠다. 그들은 스스로 혼혈 민족이기에 우수하다고 생각하고 있다. "우리 아버지가 스페인계다.", "우리 어머니가 미국계다."라는 걸 자랑한다. 여기서 만난 한국분이 필리핀에서 한국의 '단일민족 자랑'을 하다가 반박을 들었다는 이야기를 해주었다. "단일민족이 뭐가 좋으냐."는 것이다. 혼혈이든 단일민족이든, 필리핀이 좋은 조건을 두고도 오늘의 상태에 놓인 건 마음 아픈 일이다.

부패가 극에 달했던 키리노(Elpidio R. Quirino) 대통령을 물리치고 당선된 막사이사이 대통령 시대에는 필리핀의 사회 질서가 잘 잡히고 부패도 근절되었다. 그런데 그가 사망하자마자 필리핀은 다시 그 전 상태로 되돌아 가버렸다. 한 나라의 지도자가 그 나라 발전에 얼마나 큰 역할을 하는가를 새삼 느꼈다.

# 중국과 홍콩

영국의 직할 식민지인 홍콩은 어쩌면 중국의 노다지 땅인지도 모른다. 내가 홍콩에 머물던 9월 하순, 모스크바에서 열린 국제공산당 청년대회에서 "홍콩을 해방하라."는 결의를 한 사실이 화제가 되고 있었다. 그런데 화제의 초점은 결의 자체가 아니었다. 그 결의에 중국 대표가 반대하고 퇴장했다는 사실이었다. 중국의 이런 태도는 그들이 얼마나 실리에 예민한가를 보여준다. 중국의 입장에선 지금 그대로의 홍콩이 그들에게 훨씬 이익이 되기 때문이다.

160년 전부터 영국 직할 식민지가 된 홍콩(1997년 중국에 반환)이지만 그들은 결코 영국화하지 않고 중국 그대로의 모습을 지니고 있다. 하기야 홍콩 시민 400만 명 중 95%가 중국인이니 그럴 수밖에 없기도 하다. 그들은 중국에 막대한 외화를 보내주고 있을 뿐 아니라 중국 역시 이 홍콩을 상대로 막대한 달러를 벌어들이고 있다. 홍콩에 있는 화교들이 중국

홍콩의 중심 지대

본토의 가족과 친지들에게 보내는 돈은 연간 1억 5천만 달러, 중국이 홍콩을 상대로 벌어들이는 무역 수입도 2억 5천만 달러에 달한다. 그래서인지 홍콩에서는 중국의 은행들이 영업을 하고 있고, 중국인이 경영하는 출판사라든가 상공회의소 같은 데에는 마오쩌둥 중국 주석의 사진이 걸려 있다. 심지어 공산당 선전문이 걸려 있는 걸 본 적도 있다. 약삭빠른 영국은 재빠르게 중국을 승인하는 한편 국민당 정부가 갖고 있던 공공 건물들을 모두 중국의 손에 넘겨주었다.

중국은 자유무역항인 홍콩을 자유세계와의 교량으로 이용하고 있다. 홍콩은 그들에게 자유세계의 정보를 접할 수 있는 창구인 동시에 그들에게 중국을 알리는 광고의 장이다. 세계 3대 미항인 홍콩에는 온갖 쇼핑센터와 무역항이 있지만, 중국은 그걸 얻기 위해 굳이 홍콩을 해방시키려 하지 않는다. 그대로 두고 이용하는 게 훨씬 배부른 선택이기 때문이다. 중국인들이 실리를 중시한다는 대표적인 사례가 바로 이 홍콩이다.

# 경제 안정 이룬 대만

대륙에서 옮겨 온 국민당 정부가 통치하고 있는 대만은 작은 섬에 1,200만이나 되는 대가족을 안고 있으면서도 경제적으로 안정적인 성장을 하고 있다. 수출 산업은 궤도에 올라 벌써 올해만 해도 5억 달러의 수출 목표를 달성할 수 있을 걸로 예상되고 있으며, 내년에도 더 많은 수출이 가능할 걸로 전망하고 있다. 실제로 대만에 온 뒤 도시와 농촌의 생활 수준 격차가 그다지 나지 않는 걸 보고 이 나라의 경제가 정상 궤도에 올랐음을 짐작할 수 있었다. 농촌의 집도 모두 기와집으로 개량되어 있었다.

오늘의 대만 경제를 있게 한 데는 무엇보다 농업 정책의 성공이 주효했다. 성공적인 농지 분배로 농민의 80%가 자작농인 이 나라는 이후 생산이 현저하게 증대되어 국내 수요를 모두 충당하고도 농산물이 남아 이를 외국에 적극 수출하고 있다. 공업의 발전도 상당하다. 대만은 국민당 정부가 섬으로 쫓겨온 뒤, 미국의 지원을 받아 공업을 육성하기 시작

물소로 논을 가는 대만 농부들

했다. 그 결과 현재 펄프, 제지, 섬유, 전기제품, 화학제품, 제당, 시멘트, 플라스틱, 비료 등 여러 분야에서 장족의 발전을 이루었다.

하지만 대만도 미국의 원조에 크게 의존할 수밖에 없는 건 어쩔 수 없는 현실이다. 대만은 1960년을 기준으로 3.9%의 인구증가율을 보였는데, 경제 성장률이 인구 증가율을 따라가지 못하고 있는 실정이다. 그래서 가족 계획을 권장하고 있다. 더욱이 이들은 중국의 존재로 인해 버거울 정도로 많은 군사비를 지출하고 있고 정부 기구의 규모도 방대하다. 이 모든 것들이 경제 발전에 장애 요인으로 작용한다. 물론 그동안 일궈온 산업시설들이 이제 정상적인 궤도에 오름으로써 대만의 경제는 긍정적인 전망을 내릴 수 있는 상황이다.

물론 대만은 현재 정치적 측면에서 장담할 수 없는 상황에 놓여 있다. 오늘날까지 세계는 '중국의 대표 정권'으로 대만의 국민당 정부를 인정하고 있었다. 그러나 사실 대륙의 공산당 정부는 대만보다 인구로는 70배가, 영토로는 330배가 넘게 크다. 이에 따른 정치적 입지의 약화가 오늘날 대만이 직면한 고민거리다. 또 하나의 정치적 과제는 장제스(蔣介石) 총통이 서거하고 나면 이를 이을 사람이 없다는 점이다. 사람들은 그의 사후 내부적으로 큰 혼란이 일어날 것으로 예상하고 있다. 국민당 정부가 민주적 체제를 갖추지 못하고, 1당 1인 체제로 운영되고 있기 때문이다. 모든 정치 권력을 한 손에 쥔 장제스가 떠나면 내부에서 후계자 쟁탈을 위한 심각한 권력투쟁이 벌어질 건 뻔한 일이다.

# 일본의 번영과
한국

───── **놀라운 경제 성장**

미국으로 가는 길에 잠시 일본에 들렀던 나는 10월 초 귀로에 다시 일본을 방문했다. 4개월밖에 안 된 시간이지만 일본은 많은 게 달라진 느낌이었다. 표면적인 변화는 우선 도쿄올림픽에 있었다. 6월만 하더라도 올림픽을 준비하느라 여기저기 많은 건설 공사가 진행 중이었다. 그런데 이제는 올림픽이 개막해 축제 분위기였다. 꼭 이게 아니더라도 일본이 빠른 템포로 발전하고 성장해 나가고 있는 건 확실해 보였다.

일본은 패전의 잿더미 위에서 그동안 연평균 10%라는 고도 경제 성장을 이루고 있다. 그 번영의 정체는 과연 무엇일까? 그 전에 먼저 일본 경제가 현재 어느 위치에 와 있는지 객관적으로 살펴볼 필요가 있다. 일본은 지난 4월 1일부터 IMF(국제통화기금) 8조국(IMF 협약 제8조를 이행하기로 한 가맹국을 말한다. 무역 거래 시 경상 지급에 관한 제한 철폐, 차별적 통화 조치의 철폐, 외국 보유 자국 통화의 교환성 유지 등의 의무 준수를 요구하고 있다. 우리나라는 1988년 11월 8조국이 되었다.)에 이행함으로써 무역 및 외환의 자유화를 이룩했다. 이로써 세계 선진국 대열에 합류한 것이다. 일본은 유럽의 선진 공업국들과 같은 경쟁 대열에 올라선 유일한 아시아 국가다.

일본의 성장은 연평균 10%의 성장 지수가 말해주지만 그 밖에도 수출액 및 외환보유고의 증가로도 명확히 알 수 있다. 일본의 수출 실적은 1955년 8.2억 달러였는데 1963년에는 54억 5,200만 달러로 급증했다. 올해는 무려 70억 달러를 목표로 하고 있다. 외환보유고 역시 1962년 18억 4,100만 달러이던 게 올해는 이미 7월 기준 19억 1,500만 달러로 늘어났다. 국민소득도 같은 템포로 상승해 1959년 8조 3,591억 엔에서 1963년 15조 4,208억 엔으로 불과 몇 년 사이 두 배로 증가했다. 이와 같은 급속한 경제 발전은 현 상황으로 보아 당분간 지속될 것 같다.

일본도 이제는 심각한 인력 부족에 허덕이게 됐다. 농업이 기계화되며 많은 잉여 노동력이 발생했지만, 일본의 공업은 이를 모두 흡수하고도 사람이 부족한 상황이다. 지난 몇 년간 매년 100만 명이 넘는 사람들이 농촌에서 도시의 노동시장으로 유입됐음에도 말이다.

일본의 생활 수준은 1960년을 기준으로 전전(戰前) 호황 때에 비해 30~40% 정도 상승한 걸로 추정된다. 이미 서유럽에 육박한 수준이다. 지난 1960년 총선에서 이케다 하야토(池田勇人) 총리는 향후 10년간 국민 소득을 두 배로 올리고 사회보장 제도를 서유럽 선진국 수준으로까지 올리겠다고 공약했는데 그의 공약은 무난히 실현될 걸로 보인다.

###### 도약대 된 한국전쟁

도대체 무엇이 일본 경제를 오늘의 위치로 끌어 올렸을까? 전후 일본의 상황을 되돌아보면, 전승국인 미국은 전범국인 일본에 가혹한 전쟁 배상금을 물리기는커녕 오히려 일본의 부흥을 위해 적극적인 지원책을 썼다. 거기에 아주 적절한 시기에 한국전쟁이 발발하며 소위 전쟁특수가 발생, 당시 침체기에 있던 일본 경제에 도약대를 마련해줬다. 결과적으로 이웃집이 불난 덕택에 부자가 된 셈이다.

  물론 일본도 전후 2년 정도는 경제가 정체 상태에 있었을 뿐 아니라 오히려 파탄의 구렁텅이로 빠져들고 있었다고 해도 과언이 아니다. 생활 수준은 나아지지 않았고 인플레이션은 악화되어 갔다. 1947년 석탄과 제조업 생산지수는 1932~36년의 평균을 100으로 잡았을 때 겨우 43.2에 불과했다. 반대로 인구는 급격히 팽창해서 1945년 국세 조사에서 11월 7,200만 명이던 것이 대량 귀향과 전후 베이비붐을 타 1948년 8,500만 명으로 증가했다. 경기는 안 좋은데 입은 늘어나니 경제가 좋을 리 없었다.

  이때까지만 해도 미국은 간섭하지 않겠다는 태도였다. 그러나 전후 세계정세, 특히 미소 냉전이 심화하며 미국의 정책은 점차 일본을 부흥하는 방향으로 나아가게 됐다. 당시 일본점령 군정 당국인 '연합군최고사령부(SCAP)'는 그들의 권한을 행사해 일본 경제에 간섭했다. 1947년부터 국민을 대상으로 부흥 운동을 진행하는가 하면 1948년에는 '경제 9원칙'을 실시해 인플레이션을 수습했다. 그리고 그 이듬해에는 '도지 라인'으로 불리는 재정경제 정책으로 일본의 경제 안정과 자립을 추구했다. 이들 정책은 예상대로 상당한 성과를 거두었다. 1949년부터 물가가 안정되었고 생산이 회복됐다. 그러나 여전히 실업자 문제와 통화 수축에 따른 자금 부족 등 미해결 난제들이 산적해 있었다. 그 무렵 한국전쟁이 발발한 것이다.

(도지 라인: 미·소 대결이 심화하는 가운데 미국의 일본 점령정책은 1948년을 기점으로 크게 변화한다. 소련의 팽창에 대응하여 일본을 아시아의 공산주의 방벽으로 만들기로 하면서다. 전쟁 보상의 무효화, 재벌해체 취소, 전시 공직자의 사면이 진행되었고 공산당원이 공직에서 추방되었다. '도지 라인'은 이러한 역코스(Reverse course)의 일환으로 진행되었다. 미군정 초기의 방향을 반대로 되돌린 것이다. 일본에 대한 경제원조가 미국 재정을 고갈시킬 것을 염려한 트루먼 정권은 디트로이트의 은행가 조지프 도지(Joseph M. Dodge)를 도쿄에 파견해서, 긴축금융, 고정환율, 적자지출 중지 등을 내세운 긴축경제 정책을 펼쳤다. 하지만 도지 라인은 일시적으로 인플레이션에서 벗어나게 했을 뿐, 얼마 지나지 않아 일본 경제는 디플레이션에 직면한다. 그러던 중 1950년 한국전쟁이 발발했고 거기에서 파생된 전쟁특수 덕분에 일본 경제는 일거에 회복되어 경제 대국으로 발돋움하게 된다.)

1950년 6월 25일 북한의 남침으로 시작된 한국전쟁은 일본 경제를 가장 적당한 시기에 자극시켰다. 전쟁이 벌어지자 미국은 일본에다 전쟁물자 조달을 주문했다. 덕분에 일본 경제는 활기를 띠었고 이 '특수 산업'이 파죽지세로 일어나자 다른 산업도 연쇄적으로 성장했다. 이때부터 일본 경제는 순풍에 돛단배처럼 순항했고 성장에 성장을 거듭한 끝에 오늘에 이르렀다. 오늘날 일본이 누리는 번영의 밑바닥에는 한국인들이 6·25전쟁 때 흘린 피가 깔려있는 셈이다.

또 한국전쟁은 미국이 일본에 대한 지원을 서두르게 했다. 이 전쟁을 통해 공산주의의 팽창 야욕을 체감한 미국은 아시아 방위에 있어서 일본을 중심 거점으로 발전시켜야 할 필요성을 더욱 절실히 느끼게 됐다. 일본의 주권 회복을 위한 강화 협상이 촉진되었고 그 결과 1952년 4월 25일 샌프란시스코에서 정식으로 강화조약이 체결되었다. 한편 미국은 일본의 부흥을 위해 막대한 원조를 제공하기도 했다. 전부 약 40억 달러에 달하는 엄청난 규모였다. 민간 투자도 활발히 진행됐다. 이 자본들이 일본의 경제 부흥에 크게 이바지했음은 물론이다.

───── **미국의 대일 정책의 변화**

미국은 당초 일본의 전쟁 범죄에 대해 막대한 배상금을 물릴 생각이었다. 1948년 발표된 파울리 보고서가 그러한 의도를 말해준다. 그러나 이는 그 후 발표된 존스턴 위원회 보고서에서 대폭 완화되었다(존스턴 위원회는 미 육군부의 요청을 받아 일본과 한국의 경제 사정을 조사하기 위해 구성되었다. 보고서의 제목은 '일본과 한국의 경제적 지위와 전망 그리고 이를 향상시키는 조치들'이다. 1948년 4월 26일에 작성되었고, 육군부에 전달된 것은 5월 19일이었다.). 팽창하는 공산주의에 대처하여 아시아를 방위한다는 넓은 안목에서 정책 전환이 이루어진 것이다. 특히 중국 본토에서 공산당 세력이 팽창하고 장제스의 국민당 정부가 본토에서 대만으로 밀려옴에 따라 장제스의 자유중국을 중심으로 하려던 미국의 대아시아 정책은 일본을 중심으로 새로 짜일 수밖에 없었다. 이런 배경에서 일본으로부터 받아야 할 배상금을 포기하고 오히려 막대한 원조를 투입하게 되었다. 결국 미국의 지나칠 정도로 온정적인 대 일본 정책이 오늘날 일본의 번영을 가져오는 데 큰 힘이 된 것이다.

###### 일본의 자세

일본은 한국이 공산주의의 침략에 짓밟혔던 덕분에 부흥할 수 있었다. 사실 한국이 공산주의의 침략을 휴전선에서 저지했다는 건 일본에게도 중요한 의의를 갖는다. 만일 그때 한국이 북한의 침략을 막지 못해 공산화되었더라면 일본은 공산 세력의 직접적인 위협을 받았을 테니 말이다. 결국 그들은 우리를 공산주의의 방파제로 삼고 있는 셈이다. 그러니 이 대목에서 일본은 자신들에게 한국이 얼마나 중요한 존재인가를 깊이 인식해야 한다. 같은 맥락에서 자신들의 경제 부흥에 한국의 희생이 있었음을 고려해 우리나라를 대해야 한다. 그러나 지난 10여 년간의 한일회담에서나 근래 일본의 태도를 보면 이런 사실을 무시하고 있는 듯하다. 자신들에게 36년이나 짓밟혔던 한민족의 감정에 불을 지르는 처사를 거듭했기 때문이다.

특히 평화선에 대한 공공연한 침범은 한국인들의 반일 감정을 거듭 자극했다. 교섭의 핵심이 되는 청구권 문제도 그들은 당연히 침략 행위로 한국이 입은 피해를 보상해 주려는 성의를 보이는 게 마땅하지만, 김종필 중앙정보부장과 오히라 마사요시(大平正芳) 외무장관이 메모로 합의를 봤다며 그 적은 돈으로 버티면서 참을 수 없는 오만한 자세를 취하고 있다. 제대로 배상할 능력이 충분히 있으면서도 말이다. 일본의 오만은 오늘날 공산주의 세력의 압력이 격화되고 있는 아시아에서 자신들의 사명을 제대로 이해하지 못하는 데서 나온다. 그러니 하루빨리 성의 있는 태도를 보여 양국 국교를 정상화하고 한국의 경제 발전을 위해 노력함으로써 공동 번영의 길을 모색해야 한다.

# 대한민국의
# 내일을 위하여

───── **하늘에서 본 조국**

6월 15일 오후 김포공항을 떠나는 비행기 안에서 우리나라 국토의 빛깔을 보고 새삼스럽게 슬픔을 느꼈다. 벗겨진 산들이 너무 많았다. 그 속에서 생활할 때와 높은 곳에서 내려다봤을 때, 그 붉고 누런 땅이 주는 빛깔의 감도가 달랐다. 비행기 창 밖으로 흘러가는 '금수강산', 그 금수강산은 붉고 누런 산의 연속이었다.

그런데 얼마 안 가니 시야에 푸르른 산야(山野)가 펼쳐졌다. 애석하게도 그건 대한민국이 아닌 일본 땅이었다. 김포를 떠난 지 얼마 안 되어서 조국의 가난을 색감으로 의식할 수 있었다. 그 뒤로 나는 비행기를 탈 때마다 조국의 초라한 빛깔을 머릿속에 되뇌며 밑을 내려다봤다. 하지만 길고 긴 여정 동안 어느 곳에서도 우리나라 상공에서 본 것과 같은 빛깔을 보지 못했다. 물론 이따금 볼 수 있는 사막을 제외하고서 말이다.

어느 나라든 국토는 푸르고 아름답게 가꾸어져 있었다. 특히 미국은 그 넓은 대륙을 공원이나 삼림으로, 혹은 농장으로 빠짐없이 잘 가꾸어 놓았었다. 신비로울 정도였다. 우리는 말할 때마다 국토가 좁다느니 농토가 적다고 한다. 그런데 정작 이 좁은 땅조차 제대로 가꾸지 못해 벗겨 먹고는 약간의 폭우가 쏟아지면 홍수 소동을 벌인다.

일찍이 덴마크는 사막을 숲으로 만들어 북극에서 오는 세찬 바람을 막아 기름진 농토를 만들었다. 이스라엘은 모래바람 부는 사막에 물을 끌어대 농장을 만든 뒤 그 생산품을 수출까지 한다. 어디를 가도 자연조건이 우리만큼 좋은 곳이 없었다. 하늘은 맑고 날씨도 선명하며 땅도 비옥하다. 조물주가 우리에게 가장 좋은 땅을 내주었음에도 그 땅을 제대로 가꾸지 못하고 있는 건 어디까지나 우리의 잘못이다.

### ─── 못 사는 요인, 대립과 반목

우리는 왜 가난할까. 일제로부터 36년간 착취를 당했기 때문일까? 아니면 6·25전쟁으로 인해서일까? 물론 이 두 가지가 가장 치명적인 이유인 건 부인할 수 없다. 그러나 그렇다면 제2차 세계대전 패전국인 서독과 일본도 오늘날 우리와 같이 가난해야 하지 않을까? 그들도 엄청난 인적 피해와 물질적 파괴를 경험했지만, 오늘날 세계에서 손에 꼽는 강대국으로 올라섰다. 서독은 연간 수출액이 120억 달러를 넘고 일본도 60억 달러가 넘는다. 반면 우리는 1억 2천만 달러를 목표로 세워놓고 그마저도 턱걸이하고 있는 실정이다.

서독과 일본의 부흥은 기적이 아니다. 그리고 우리의 가난도 우연이 아니다. 그들은 전후 폐허 위에서 히틀러나 도조(東條英機) 같은 전범들을 원망만 하고 실의와 패배 의식에 사로잡혀 있지 않았다. 불굴의 인내와 피나는 노력, 용기로 단결하고 일어섰다. 그러한 의지와 근면한 생활 자세가 라인강의 기적을 이룬 것이다. 일본도 다르지 않다. 결국, 우리가 가난한 이유는 먼 곳에 있는 게 아니라 우리 개개인의 마음에서 기인한다.

우리는 해방 후 19년, 그리고 휴전 후 13년 동안 뭘 했나. 휴전 후 미국으로부터 그 많은 원조를 받고도 여태껏 경제적 자립의 토대조차 마련하지 못했다. 그렇다고 평화적 정권 교체가 가능한 민주주의, 대의정치의 기반을 다져놓은 것도 아니다. 도대체 무엇 때문일까? 물론 여러 가지 원인이 있을 테고, 그중 불리한 여건이 많은 것도 사실이다. 하지만 가장 근본적인 이유는 우리의 국민성에 있을 수도 있다. 우리의 단합되지 못하는 성격으로 말미암아 지난 19년간 우리의 역사는 분열과 갈등으로 점철되었다. 반대를 위한 반대, 긍정보다는 부정의 철학이 지난 짧은 정치사를 지배했다. 이승만 박사는 "내가 아니면 안 된다."는 독선 의식에 사로잡혀 민족지도자들을 부정했다.

한 사회, 한 국가가 번영하고 발전하려면 여러 조건이 갖추어져야 한다. 경제가 안정되어야 하고, 사회 질서가 바로잡혀야 하며, 도덕적 기본이 확립되어야 한다. 정치가 불안해서도 안 된다. 이처럼 각 분야에 걸친 여러 조건들이 필요하겠지만, 나는 무엇보다 대립하면서도 단결할 줄 아는 사회적 분위기가 형성되어야 한다고 생각한다. 이건 우리 사회 모든 분야에 걸쳐 적용되는 기본적인 요소다.

미국, 영국은 말할 필요도 없고 전후 다시 부상하고 있는 독일, 일본,

프랑스만 보더라도 '대립하면서도 단합할 줄 아는' 자세가 매우 중요함을 알 수 있다. 그 자세가 오늘의 부흥을 만들었다. 독일이 일당 전제의 나라인 것도 아니고, 일본에서 야당의 강력한 도전을 받지 않은 게 아니다. 프랑스도 드골이 그 얼마나 무서운 반대파의 공격을 받았나. 일례로 독일의 기독교민주연합(CDU)도 사회민주당의 강력한 도전을 받았다. 하지만 그들은 3개 정파가 연립 내각을 구성하고 있음에도 별 탈 없이 정권을 이끌어가고 있다. 일본도 진무(神武天皇, 일본의 초대 천황으로 여겨지는 신화적 인물) 이래 유례없는 호경기 속에서 아시아 제1의 부자 나라로 우뚝 섰지만, 여당인 자민당은 야당으로부터 격렬한 '선전포고'를 받고 있다. 프랑스에서는 드골이 알제리 문제로 암살 위협까지 받기도 했다. 하지만 이들은 이렇게 치열하게 대립하면서도 국가의 이익 앞에선 언제나 결속했다. 일본도 자민당 내 8개의 계파가 있음에도 늘 '대립하며 단합'할 줄 알았다. 최근 이케다 하야토(池田勇人) 총리의 후임으로 사토 에이사쿠(佐藤栄作)를 선출하기까지 심각한 대립을 겪었지만, 마지막에 가서는 결국 의원총회 만장일치로 사토를 선출했다. 결속의 힘을 보인 것이다. 이 놀라운 결속의 힘이 국민으로부터 신임을 얻을 수 있었던 것이고, 이를 바탕으로 정치적 안정 위에서 오늘의 번영을 이룩할 수 있었던 셈이다. 비록 서독과 일본이 기본적으로 공업 잠재력이 뛰어난 나라라는 건 둘째치더라도, 그들이 혁명이나 쿠데타 등 정치적 불안이 거듭되었다면 오늘과 같은 재건이 불가능했을 거라는 건 자명하다.

나는 우리의 해방 후 짧은 역사를 회상해 보았다. 만일 임정계(臨政系)의 세 대표 이승만 박사, 김구 선생, 김규식 박사가 대립하면서도 한 울타리 안에서 결속했다면, 그리고 그로 인해 국내 민족주의 세력이 단합했다면 오늘과 같은 분열과 파쟁의 악순환이 되풀이되지는 않았을 것이다. 오늘날 우리가 안고 있는 비극이 여기에서부터 싹튼 것이다. 결속을 이루지 못하는 끝없는 대립은 백해무익하다. 그 결과는 분열과 부정, 마침내는 파멸을 가져올 뿐이다.

대립이 나쁘다는 게 아니다. 대립은 선의의 경쟁을 통해 보다 나은 발전의 계기가 된다. 두 주장 사이의 간격은 토론과 다수결의 원칙으로 좁혀질 수 있다. 소수 의견을 존중하는 다수와 다수의 의견을 따르는 소수, 이 원리에 기반해 우리는 교집합을 찾아낼 수 있다.

무작정 단합을 부르짖는 사람은 많다. 그러나 어떻게 단합할 것인가? 단합을 부르짖는 이들은 대부분 단합을 위해 자기 스스로 무엇을 할 것인가에 있어서는 만족스러운 답변을 제시하지 못했다. 내가 뭘 해야 할지는 생각하지 않고 남에게 자꾸 무엇을 하라고 요구만 앞세우는 것이 우리나라 정치의 고약한 심리 중 하나다. 상대의 복종만 강요하는 태도는 타협과 단합은커녕 대립과 분열만 가져올 뿐이다.

우리는 개개인이 모두 우수하지만 제대로 뭉치지 못하고 있다. 조선왕조의 당쟁사까지 갈 필요도 없다. 가까운 해방 후 역사만 훑어보더라도 분열과 파쟁으로 일관해 오지 않았나. 구미지역 선진국들에서는 박사 논문까지 공동으로 쓰며 협력하는 모습을 볼 수 있었다. 우리는 아직 논문까지 공동으로 쓰는 협력이 이루어지지 않고 있다. '평행선의 대립'이 닿는 종착지는 얼마나 허무한가. 그러니 이제라도 우리는 대립하면서 단합할 줄 알아야 한다.

민주주의 사회에서 갈등은 불가피하다. 그러나 그 대립은 한계선이 있어야 한다. 큰 원칙을 존중하고 그 아래에서 작은 대립과 타협을 할 줄 아는 이성과 양식이 지배하는 사회가 되길 바란다.

## ──── 다시는 없어야 할 쿠데타

이번 해외여행에서 가장 마음 아팠던 건 우리나라가 세계에서, 특히 미국에서 잘못 인식되고 있다는 점이었다. 한국이라는 나라를 잘 모르는 일반인들은 우리나라를 그저 '월남의 형(兄)' 정도로 여기고 있었다. 기가 막혔다. 짐작하건대 그 이유는 민주주의 질서의 미확립과 정치 불안에 있지 않나 싶다. 실제로 우리나라가 민주주의의 기본 질서도 제대로 확립하지 못한 나라로 평가되고 있었기 때문이다.

4·19 혁명이 정권을 무너뜨린 뒤 얼마 안 가 또다시 군사 쿠데타가 일어났다. 민정(民政)이 수립되고서도 얼마 안 가 다시 정권을 부정하는 데모가 이어졌다. 계엄령을 선포하지 않으면 안 될 만큼 정국의 불안이 계속되었다. 당시의 사회적 혼란은 변명할 길이 없다.

특히 국제적으로 한국에 대한 평가를 크게 절하시킨 건 군사 쿠데타였다. 쿠데타의 장본인들이 말했던 것처럼 그 가치 평가는 역사에 맡긴다 치자. 그러나 이게 대외적으로 미친 영향에 있어서는 그들도 각별한 책임을 느껴야 한다. 이승만 박사의 독재 정권을 학생들이 데모로 넘어뜨린 것도 본질적으로는 좋은 인상을 주지 못했을 것이다. 그러나 그건 정권욕에 물들지 않은 순수한 학생들의 혁명이라는 데 이해를 얻을 수 있다. 그러나 민주적인 장면 정부를 1년 예산 집행도 해보기 전에 총칼로 무너뜨린 군사 쿠데타는 우방들에게 큰 충격을 주었다. 그만큼 우리나라에 대한 국제적 평가가 훼손된 건 분명하다. 동기야 어떻든 간에 군사 쿠데타를 일으킨 장본인인 박정희 대통령은 무엇보다 이 점을 명심해야 한다. 단 한 번이라도 평화적 정권 교체를 이행해 전 세계에 신뢰를 보여주고 잃어버린 국위를 회복하길 부탁한다.

비민주적이고 비합법적인 수단으로 정권을 잡은 그들이 정치를 잘했다면 또 모르겠다. 그러나 정견도 없고 원칙도 없는 실정은 온갖 부정부패를 야기했다. 국민 생활은 더욱 어려워졌고 경제도 위축되었다. 게다가 만천하에 밝힌 혁명 공약도 헌신짝같이 집어던지고 2·27 선서에 3·16 성명에 4·8 성명에 이르기까지 번복에 번복을 거듭하며 국가적 체면을 크게 손상시켰다. 오늘날 세계는 고립된 채 살 수 없다. 국제사회에서 신용을 잃고 위신을 잃는다는 건 심각한 문제다. 국제사회가 한 국가를 평가할 때 정치와 경제가 그 기준이 된다는 건 기본적인 상식이다. 그런데 이 부분에서 신뢰를 잃은 우리는 점점 잊히고 있다. 우리를 위해 많은 희생을 지불한 미국에서조차 말이다.

한국전쟁 당시 우리를 위해 희생했던 나라들이 우리에게 기대했던 건 무엇일까? 그건 아마 자유민주주의와 대의정치의 기틀을 굳게 하고 그 기반 위에 경제적 번영을 누림으로써 '자유민주주의가 공산주의보다 우월하다.'라는 걸 입증하라는 것 아닐까?

오늘날 우리에게 시급한 문제는 정치적 안정을 이루고 평화적 정권 교체의 전통을 수립함으로써 정치적 후진성을 탈피하는 것이다. 고질적인 정치 불안 속에서 경제적 안정을 꾀할 수는 없다. 우리는 무슨 일이 있어도 민주주의, 대의정치의 기본 질서를 부정해선 안 된다. 만일 이 질서가 다시 한번 무너진다면 우리는 세계에서 그야말로 정치적 외톨이가 될 것이다.

## ─── 지도자는 만들어진다

우리는 지도자를 기르지 못했고 따를 줄 몰랐다. 해방 후 짧은 기간 동안에도 많은 지도자가 정적으로 몰려 사라졌다. 우리는 그 사실을 잊어선 안 된다. 이처럼 메마른 정치 풍토에서는 지도자가 나올 수 없다. 그만큼 토양은 더욱 황폐해진다.

사람들은 오늘날 미국을 만드는 과정에서 훌륭한 지도자가 많았다는 사실을 강조한다. 그러나 그 지도자는 국민의 손에 만들어졌다. 국민의 지도자인 셈이다. 그들은 지도자를 만들 줄 알았고 또 한 번 만들면 믿고 따를 줄 알았다.

미국 사람들은 워싱턴이나 링컨 같은 조상들을 존경했고, 그 숭앙의 정신에 기반해 그들이 세워놓은 민주주의의 가치를 지키고 있었다. 워싱턴 교외에 있는 조지 워싱턴의 자택과 묘지, 그리고 링컨기념관이나 케네디의 묘소 같은 곳에는 언제나 관광객이 끊이지 않았고 꽃다발 없는 날이 없었다. 좀 과장을 보태자면 미국인들은 그곳에 들르는 걸 의무처럼 생각하는 듯했다.

어느 나라에 가나 국민이 존경하고 숭앙하는 조상과 지도자가 있다. 그들이 남겨 놓은 전통과 문화는 국민의 정신적 지주가 되었다. 물론 지금 우리에게는 그만큼 따를 만한 조상이 없다. 이승만 박사도 그렇게 욕심부리지 않고 적당한 시기에 물러나 존경의 대상으로 남았다면 나라가 이렇게 정신적으로 메마르지는 않았을 것이다. 그랬다면 남산 중턱에 이승만 박사의 동상이 그대로 남아 그곳을 찾아가는 국민도 더러 있었을 텐데 하는 쓸쓸한 생각이 들었다.

─── **집권자의 책임**

민주주의의 핵심은 다수결이다. '다수의 여론이 소수를 지배'하는 건 민주주의의 불가피한 특징이다. 다시 말해 다수에 의해 뽑힌 지도자의 능력이 그 나라의 운명을 결정짓는 것이다. 사실 나라가 위기에 처했을 때 이를 구출하여 새로운 역사를 창조하는 건 소수의 지도자가 한다. 더욱 극단적으로 말하면 한 사람의 지도자가 그 일을 한다.

멀리 역사를 더듬을 필요도 없다. 프랑스만 보더라도 정국의 혼란으로 악순환이 거듭되며 삼등국으로 전락할 뻔했던 나라를 오늘날 번영하는 나라로 도약시킨 건 대중이라기보다 드골이라는 한 사람의 지도자였다. 미국이 공화당 정부 말기 냉전 정국에서 수세로만 몰리고, 국제수지 역조 현상에 직면했을 때 이를 극복하여 미소 관계에서 주도권을 찾아오고 새로이 번영의 시대를 연 것 역시 케네디라는 젊은 지도자의 '용기와 총명의 힘'이 컸다. 반면 영국의 정치가 침체된 상황에 빠진 것도 처칠 은퇴 후 이렇다 할 지도자가 나오지 못했기 때문이 아닐까 생각한다. 막사이사이 사후 필리핀도 마찬가지다. 이처럼 지도자가 가진 힘은 그 나라의 전진과 후퇴를 좌우한다. 그만큼 집권자의 책임은 막중하다.

미국의 린든 존슨 대통령은 하루 일정 중 많은 시간을 국회의원 및 언론인과의 접촉에 할애하고 있었다. 그는 비공식 스케줄로 여야 의원들이나 주요 언론인과 식사를 하는 일도 많았다. 그 자리를 통해 자기가 직접 하고자 하는 일을 설득하고 양해를 구했다.

요즘처럼 어려운 시기에 어떤 과정을 거쳐 정권을 잡았든 간에, 박정희 대통령은 자기가 처해 있는 위치의 책임을 깊이 인식해야 한다. 무엇보다 그에게 말하고 싶은 건 주권자로서 올바른 자세를 가져야 한다는 점이다. 편협하고 폐쇄적인 자세에서 이해와 설득을 통한 공명정대한 정치인의 자세로 전환해야 한다.

미국에서는 사안이 첨예하게 대립할 때마다 대통령이 정치인과 언론인의 의견을 타진하고 설득한 뒤 정책 결정을 내렸다. 이 부분에서 야당, 언론과 협조의 길이 트이는 것이다. 실제로 미국에 있는 동안 신문들이 사설로 현안을 다룬 뒤 그것이 정부 정책으로 결정되어 나오는 걸 여러 번 보았다. 이와 같은 '이해와 설득의 정치'를 박정희 대통령과 그를 둘러싼 사람들에게 권하고 싶다.

박정희 대통령이 청와대에 앉아서 공화당이나 그 주변 여당 인사들과 저녁에 소주를 마셨다는 가십 기사는 더러 보았지만, 야당 인사를 만났다거나 언론인을 만났다는 말은 별로 듣지 못했다. 나라가 위기에 놓였을 때 야당 대표가 만나자고 해도 만나기는커녕 도리어 모든 책임을 야당, 언론, 학생들에게 덮어씌우고 있다. 심지어 언론의 자유를 법으로 억제하는, 이른바 '언론법 파동'을 촉발하지 않았던가.

지금이라도 늦지 않았다. 그러나 내일은 늦다. 박정희 대통령은 폭넓은 집권자의 자세로 보다 많은 사람을 만나 의견을 경청하고, 자기 의견에 대해 설득하고 이해를 구할 줄 아는 겸허한 자세를 가져야 한다. 대통령이 만나서 이해를 구하겠다는 데 이해하지 않을 야당이 어디 있으며, 언론이 어디 있겠는가. 국민 위에 군림하려 하지 않고 설득과 이해를 구하려는 진실한 태도가 중요하다. 그동안 그의 '비공개 정치', '비밀 정치', '정보 정치', '독주 정치'가 얼마나 많은 시행착오를 범했는지 다시 생각해볼 필요가 있다.

한일회담이 대표적이다. 국민에 대한 설득과 이해 없이 밀실에서 진행된 그 회담이 결국 학생들의 시위를 유발하지 않았나? 우리는 지금 중대한 시점에 놓여 있다는 걸 박정희 대통령이 모를 리 없다. 최근 국제 정세의 변화는 우리에게 불안과 걱정을 주고 있다. 국민은 갈 곳을 못 정하고 있다. 이때 집권자가 국민에게 용기와 의욕을 북돋아 주고 미래의 비전과 꿈을 불어넣어 그들이 나아갈 길을 제시해줘야 한다.

박정희 대통령은 자신의 정치 자세를 바로 세우고 국민이 단결하여 나라 발전에 이바지할 수 있는 길을 마련해주어야 한다. 대통령 자신도 말했듯이 머지않아 현실 문제로 다가올 '남북 통일 선거'에 대비해 우리의 경제적 실력을 향상시켜 공산주의에 승리할 수 있는 위치로 올라서야 한다.

다시 말하지만 나라가 위기에 처했을 때 그걸 구하는 사람은 지도자들이며, 그중에서도 가장 큰 책임은 집권자에 있다는 걸 명심해야 한다.

### ── 국민의 자세

미국에서 종종 많은 시민이 줄을 서 있는 광경을 볼 수 있었다. 전차나 버스를 기다리기 위해 줄을 선 게 아니다. 밀가루나 설탕을 배급받기 위해 그런 건 더구나 아니었다. 세금을 내기 위해 순서를 기다리고 있는 것이었다. 에어컨과 히터의 존재 덕분에 추위와 더위를 모르고 지낼 정도로 고도의 생활 수준을 누리는 미국 사람들이 그저 자신들의 '납세의 의무'를 충실히 이행하기 위해 땀을 줄줄 흘리면서 서 있었다.

미국의 세무서들은 뜻밖의 돈을 받는 경우가 많다고 한다. 시민들이 몇 년 전 혹은 수십 년 전에 탈세했던 걸 뉘우치고 안 낸 세금에 그동안의 이자까지 더해서 부쳐온다는 것이다. 사실 우리는 세금을 낸다는 걸 마치 빼앗기는 것처럼 생각하는 피해 의식이 없지 않다. 5·16 군사 쿠데타 이후 우리나라 13대 실업가가 총 3,300만 달러 상당의 소득세를 탈루했다고 발표되었다. 여기에서도 볼 수 있듯 우리는 지난날 '탈세의 기술'이 무슨 돈을 버는 비결처럼 되었고 그런 탈세 풍조가 사회 전반적으로 깔려있다. 탈세가 아무 양심의 거리낌 없이 행해질 수 있는 사회는 결코 건전하게 발전할 수 없다.

하지만 조세 제도상의 불합리함이나 공무원들의 부정부패로 내가 낸 세금이 진정 국민의 복지를 위해 쓰이는 것인가, 내가 낸 세금이 국고로 제대로 들어가기나 하는 것인가 하는 회의감이 오늘의 악순환을 가져온 것도 사실이다. 납세 의욕을 이처럼 꺾은 데에는 정부의 책임도 큰 것이다.

케네디 대통령은 "국가가 당신에게 뭘 해줄지 물어보지 말고, 여러분이 국가를 위해 뭘 할 수 있는지를 물어라."는 이른바 뉴 프런티어(New Frontier) 정신을 주장했다. 그 구절이 오늘날 미국인들의 입에서 오르내리고 있음을 어렵지 않게 볼 수 있었다. 나는 이 말이 우리에게도 적용된다고 생각한다. 과거야 어쨌든 지금부터라도 우리는 정부와 국민이 신뢰를 회복할 수 있는 방향으로 나아가야 한다. 국민도 국가를 위해 희생하려는 정신을 키워야 한다.

## 최상의 무기는 경제 실력

프랑스가 중국을 승인한 건 이미 오래된 일이거니와 영국의 노동당이 집권하고, 중국이 핵보유국으로 등장함으로써 중국의 UN 가입 가능성이 더욱 증대되었다. 우리의 국제적 입지는 반사적으로 불리해졌다. 그런 가운데 남북통일 문제는 머지않아 우리가 직면하게 될 현실이 될 걸로 보인다. 이때 우리는 어떻게 대처해야 할까? 무엇보다 민주주의 질서를 확립하고 꾸준히 경제 실력을 기르는 데 국가적 총력을 기울여야 한다. 나는 경제력만이 공산주의를 이기는 최상의 무기라는 걸 서독에서 보았다.

서베를린과 동베를린의 경계선에 있는 전망대에서 내려다본 두 도시는 현저한 차이가 났다. 이미 독일에서 민주주의와 공산주의의 승부는 결판나 있었다. 서베를린은 말끔히 복구되어 아름답게 가꾸어져 있었으나 동베를린은 2차 대전으로 파괴된 건물이 여전히 남아 있었다. 베를린이라는 도시가 마치 민주주의와 공산주의의 전시장 같은 느낌이었다. 서독에 그만한 경제력이 있었기에 흐루쇼프 전 소련 제1서기가 머리를 숙이고 서독 방문을 결정한 것이고, 유럽 공산권 국가들은 앞다투어 서독과 경제협력 관계를 맺고자 애쓰고 있는 것이다. 서독 사람들은 통일이라는 말을 많이 하지는 않았지만 그러면서도 묵묵히 통일을 향해 전진하고 있었다. 그들은 UN에 가입 신청도 하지 않고 동독과 접촉을, 그것도 주도권을 쥐고 이어 나갔다. 그만큼 언제 어떤 방법으로 통일을 하더라도 이길 수 있다는 자신감이 있었기 때문이다. 그 자신감은 월등한 경제력에서 나왔다. 우리도 백 마디 통일을 부르짖는 것보다, 수출을 1달러라도 더 늘리고 외자를 1달러라도 더 유치하는 게 시급하다. 안 그래도 미국이 가까운 시일 내에 우리에 대한 원조를 중단하는 걸 고려하고 있지 않은가.

미국의 몇몇 자본가들은 내게 정치 안정의 중요성을 강조했다. 한국의 정치 불안이 외국인들의 투자 의욕을 크게 저하하고 있다며 말이다. 이 문제만 해소된다면 우리도 충분히 희망을 가질 수 있다. 외국 자본가들은 한국의 우수한 노동력에 큰 매력을 느끼고 있었다. 가뜩이나 세계 선진국들이 노동력 부족으로 고민하고 있는 상황, 우리가 외국 자본을 많이 유치해 우리의 우수한 노동력과 결합한다면 경제력을 갖추는 건 어려운 게 아니다.

나는 우리가 방향만 잘 잡으면 2~3년 내에 비약적인 발전을 이룰 수 있겠다는 확신을 얻었다. 그러나 이때를 놓치면 험한 파도가 우리 앞에 닥칠지도 모른다는 예감이 들었다. 세계는 이제 이념의 시대를 지나 실리 제일주의의 시대로 접어들었다. 이미 정경분리론이 나오고 있다. 공산 진영에서 교조주의를 지키려 하는 중국도 실리를 추구하기에 이르렀다. 그들이 모스크바에서 열린 국제공산당 청년대회에서 홍콩의 해방 결의에 반대한 건 홍콩이 해방되지 않더라도 자신들에게 충분히 이익이 되기 때문이다. 소련은 이미 미국의 잉여농산물을 받아들이고 있고 흐루쇼프는 서독으로 향하지 않았던가. 언젠가는 영국의 노동당 정부가 북한에 통상 사절단을 보낼지도 모를 일이다.

세계적인 경제력 경쟁이 심화하며 '돈이면 최고'라는 경향이 나타나고 있다. 이런 흐름 속에서 우리도 너무 과거의 감정에 집착하지 말고 일본과 하루속히 국교를 정상화해 경제적 실리를 추구해야 한다. 물론 그건 우리 국민이 납득할 수 있는 선에서 타결되어야 한다. 하지만 아시아에서 공산주의 세력이 팽창하는 걸 막아야 한다는, 더 높은 차원에서 양국의 정치 경제적 협력 관계가 이루어져야 한다. 그게 양쪽 모두에 이익이라는 게 공통된 국제 여론이다.

  이 땅은 우리만 살다가 죽을 땅이 아니다. 후손에게 기어코 무엇이라도 남겨야 하지 않겠는가. 대한민국의 내일을 위해서 우리는 당장 힘찬 전진을 해야 한다. 내일이면 늦는다.

**1964년 판**  표지의 말

책 표지의 사진은 뉴욕의 세계박람회 입구다. 내가 그곳에 간 8월 말 박람회 거리에는 세계 각국 사람들이 들끓고 있었다. 마치 인종전시장과도 같이……

20세기 후반기의 과학 시대의 물질문명 속에 생활하는 국가들이 제각기 자기 나라의 부력(富力)을 자랑하는 국력의 쇼윈도가 된 이곳에서 나는 우리의 자화상을 볼 수 있었고 그 속에 웅성거리는 인파 속에서 세계의 체온을 느낄 수 있었다. 자유세계 38개국이 참가한 이 박람회에 한국은 60만 불짜리 전시장을 꾸몄고, 일본은 400만 불짜리 전시장을 만들었고, 그리고 미국 헨리 포드 자동차 회사는 개인으로서 6천만 불짜리 전시장을 갖고 있었다. 한국관에 오는 손님만도 하루 1만 5천 명 내지 2만 명이 들어온다니 세계에 한국을 알리는 데 좋은 기회가 되었다. 그러나 우리는 포드 자동차의 100분의 1의 규모의 부력을 보인 셈이 되었다.

우리의 실력을 볼 수 있고 세 개의 부를 볼 수 있는 세계의 로터리——이 거리의 세계 각국의 깃발 밑에 흐르는 인파 속에 서서 카메라의 셔터를 누른 것이다. 그리고 이 사진을 표지에다 옮겨 세계 속의 한국의 이미지를 모색해 봤다.

한편 책 뒤표지의 사진은 동서 베를린 경계선에 세워진 전망대 위에서 찍은 것이다. 철의 장막을 넘겨다 볼 수 있는 이 전망대에는 케네디 미국 대통령이 동부 베를린으로 넘겨다 본 곳. 그래서 '케네디가 섰던 자리'란 기념 표지가 내 옆에 보이는 것이다. 그곳에서 보이는 서부 베를린과 동부 베를린은 표면적인 모습만으로도 훨씬 차이가 나 있었다. 나의 등 뒤에 보이는 동부 베를린에는 아직 2차 대전 때 파괴된 건물이 복구되지 않은 채 있는 것이 보였지만 서부 베를린은 말끔히 복구되어 아름답고 기름지게 꾸며져 있었다. 이 전망대 위에서 세계의 고민과 역사의 편모를 볼 수 있었다. 이 사진을 뒤표지에 옮긴 것도 이러한 의미를 찾은 것이다.

**앞표지의 사진** – 뉴욕 세계박람회장 입구

**뒤표지의 사진** – 베를린 동서독 경계선 전망대에서

뉴욕 세계박람회

**여행기의 기초가 된 일기장**

— "한국에 돌아가면 세계를 돌아본데 대해서 책을 하나 쓰려고 한다. 제목은 『나는 보았다』하는 제목으로 만난 사람들과 정치 경제 풍습 생활 모든 면에서 각국에 대해서 쓰려고 한다."(1964년 8월 22일자)

1964년 출판 표지에 사용된 필름

김영삼 의원 출판기념회

## 에필로그

◆ 우리가 기댈 언덕은 없다

1938년 3월 12일 무렵으로 오스트리아를 병합한 아돌프 히틀러의 시선은 체코슬로바키아의 수데텐란트로 향했다. 독일과 인접한 그 지역에는 약 350만 명의 독일계 주민들이 모여 살고 있었다. 제1차 세계대전 패전의 후유증과 천문학적인 전쟁배상금에 대한 불만은 독일인들의 마음속에 제국을 향한 열망을 다시 꿈틀거리게 했고, 히틀러의 팽창 야욕은 그런 열망들을 자양분 삼아 기지개를 켜고 있었다. 유럽에서 다시 전운이 감돌기 시작했다. 영국과 프랑스에서는 평화를 염원하는 국민의 요구가 빗발쳤다. 수천만이 죽고 다친 그 비극을 되풀이해선 안 된다는 건 너무도 당연했다. 아직 전쟁의 상처가 아물지 않은 시기였다. 하지만 안타깝게도 그들에게는 히틀러를 주저앉힐 만한 힘이 없었다. 고작해야 체코슬로바키아 정부를 향해 양보를 종용하는 정도였다.

이때 이탈리아의 베니토 무솔리니가 나섰다. 그는 영국 총리 네빌 체임벌린, 프랑스 총리 에두아르 달라디에, 그리고 독일 총통 아돌프 히틀러에게 4국 정상회담을 제안했다. 전쟁의 코앞에서 이를 멈출 수 있겠다는 희망이 유럽인들 사이에서 공유되었다. 9월 29일부터 30일까지 열린 정상회담에서 이들은 수데텐란트를 독일에 병합하는 데 동의했다. 대신 그 대가로 히틀러는 독일과 영국 사이의 불가침조약을 제안했다. 이는 사실상 히틀러의 요구 조건을 모두 수용한 것과 다름없었지만, 어쨌든 전쟁은 막을 수 있게 되었다.

뮌헨협정이라 이름 붙은 그 회담을 마친 뒤, 런던으로 돌아온 체임벌린은 비행기에서 내리자마자 자신 있게 협정문을 흔들어 보였다. 사람들은 환호했다. 이로써 전쟁의 위협은 사라졌기 때문이다. 그는 총리 관저 앞에서도 이렇게 말했다. "독일에서 명예로운 평화를 들고 돌아왔습니다. 저는 이것이 우리 시대의 평화라고 믿습니다." 체임벌린은 국민적 영웅이 되었다.

하지만 그건 위장된 평화였다. 영국과 프랑스의 국민이 전쟁의 위협에서 벗어나 안도의 한숨을 쉬고 있을 때, 독일군은 수데텐란트로 진격할 채비를 갖추고 있었다. 히틀러는 이듬해 3월 체코슬로바키아의 나머지 지역을 점령했고, 반년이 지난 9월 1일에는 폴란드를 침공했다. 그렇게 제2차 세계대전이 시작되었다.

체임벌린에 대한 평가는 엇갈린다. 히틀러의 기만책에 속아 전쟁을 미리 막지 못한 무능한 지도자라는 평가가 있는 한편, 뮌헨협정 덕분에 연합국이 전력을 증강할 시간을 벌었다는 의견도 있다. 이제 와 어떤 견해가 옳다고 단정 지을 수는 없다. 확실한 건 히틀러가 거짓말을 했고, 결국 제2차 세계대전은 일어났다는 것이다.

히틀러는 처음부터 뮌헨협정에서 한 약속을 지킬 생각이 없었다. 불가침조약은 누가 봐도 새빨간 거짓말이었다는 걸, 21세기를 사는 우리는 직관적으로 알 수 있다. 그런데 이걸 왜 당시 영국인들은 몰랐을까? 아니다. 아마 그들도 모르지 않았을 것이다. 히틀러는 그 약속을 지키지 않을 만큼 사악한 인물이라는 불신과 결국 전쟁은 일어날 거라는 절망은 이미 그들의 가슴 깊은 곳에 자리 잡고 있었다. 다만 1차 대전의 악몽과 어려운 경제적 여건이 그걸 외면하게 했을 뿐이다. 히틀러의 약속을 신뢰했다기보다, 그의 기만을 애써 믿고 싶었던 거다.

이걸 두고 당시 영국인들이 우매하다고 비난하긴 어렵다. 그들에겐 단지 현실을 직시할 용기가 없었을 뿐이다. 있는 그대로 바라보기엔 그 현실은 너무 두렵고 절망스러운 것이었다. 문제는 정치 지도자마저 그래선 안 됐었다는 점이다. 일반 국민은 지옥 같은 현실에서 벗어나고자 헛된 꿈을 좇을지언정 지도자들은 상황을 있는 그대로 바라보고 정확한 결단을 내려야만 한다. 설령 그게 지옥으로 뛰어드는 길이고, 거대한 반발에 직면하는 길이라도 말이다. 지도자가 그 용기를 상실했을 때 얼마나 큰 재앙이 닥쳤는지를 역사는 말해준다.

한편 뮌헨협정은 또 다른 교훈을 남기기도 했는데, 바로 약소국에 있어서 강대국의 선의에 기댄 국제외교란 얼마나 허황된 것인가를 증명했다는 점이다. '전쟁을 막기 위해' 영국·프랑스·독일·이탈리아 사이에서 협상이 진행되는 동안 정작 당사국인 체코슬로바키아의 의사는 전적으로 무시되었다. 열강의 언론들은 체코슬로바키아 정부가 독일계 주민들에게 양보해야 한다는 식의 기사를 쏟아냈고, 평화를 갈구하는 여론에

밀린 영국과 프랑스의 지도자들 역시 말로만 히틀러를 규탄할 뿐이었다. 그들은 체코슬로바키아와 선을 그으며 전쟁의 마수가 제 나라 국경을 넘지 않길 바랐다.

얼마 뒤엔 폴란드가 그 제물이 되었다. 주목할만한 건 폴란드를 침공한 게 독일만은 아니었다는 사실이다. 폴란드의 서쪽을 침공한 건 독일이었지만 동쪽에서 쳐들어온 건 소련이었다. 이념의 양극단에 위치하여 절대 손을 잡을 수 없을 것이라 여겨졌던 두 국가는 결국 서로 불가침조약을 체결하고 폴란드를 유린했다. 그 사실은 "외교에선 영원한 적도, 영원한 친구도 없다. 영원한 국익만이 있을 뿐이다."라는 19세기 영국 총리 파머스턴의 유명한 격언을 떠올리게 한다.

세계사는 너무도 역동적이어서 때로는 어제의 적이 오늘의 친구가 되는 극단적인 반전이 일어나기도 한다. 그 비정한 원칙은 전쟁이 끝난 이후에도 유효했다. 1945년 초 크림반도의 얄타에서 함께 전후 질서를 논할 때까지만 해도 미국과 영국은 소련의 요구를 상당수 들어주었다. 소련은 연합국의 일원으로서 가장 많은 희생을 감수한 국가였기 때문이다. 그러나 서로 다른 체제를 갖춘 두 진영의 공존은 오래가지 못했다. 특히 전쟁으로 폐허가 된 유럽 땅에서 공산주의가 스멀스멀 피어날 조짐이 나타나면서 자유 진영의 리더들은 불안감을 느끼기 시작했다. 그런 상황에서 미국의 외교관 조지 케넌이 봉쇄정책을 내놓았다. 그 핵심은 경제였다. 그는 경제적 자신감만이 소련과 공산주의의 확장을 막을 수 있다고 보았다. 이에 미국은 마셜플랜을 단행, 유럽의 부흥을 위해 막대한 예산을 투입했다. 서유럽 16개 국가가 그 대상이 되었는데, 그중에서도 공업화 정도가 가장 뛰어났던 독일은 거점 국가로서 역할을 하게 되었다.

독일의 재건이 가져올 낙수효과가 주변국들에 작동하면 소련의 팽창을 효과적으로 봉쇄할 수 있을 거라는 판단이었다.

소련의 동쪽에서는 일본이 그 역할을 맡았다. 원래대로라면 자유중국이 그 역할을 일임했을 테지만, 장제스의 국민당은 이미 민심을 잃은 지 오래였다. 우리에게도 익숙한 더글라스 맥아더는 "미국의 서부 해안선은 아시아의 동부 해안선까지 확대되어야 한다."고 주장했다. 그 동부 해안선이란 바로 일본을 의미했다. 역설적이게도 일본은 태평양 전쟁을 거치며 입증한 산업 잠재력과 전쟁 수행 능력 덕분에 미국의 파트너로 낙점될 수 있었다. 1951년 9월 미국 샌프란시스코에서 체결된 강화조약은 그 역할을 보장하는 일종의 임명식이었다. 결국 제2차 세계대전을 치르고 불과 10년도 지나지 않은 시점에 추축국의 일원들이 미국의 요청으로 유럽과 아시아의 방위를 맡게 된 모순적인 상황이 벌어진 것이다.

도대체 냉전이 얼마나 무서웠길래 미국은 어제의 원수들에게 손을 내밀었고, 또 유럽과 아시아의 지도자들은 이를 용인했나. 30년 사이에 두 번의 전쟁을 치르며 1억 명에 달하는 희생자를 낳은 세계가 무력 충돌에 대해 가진 두려움을 이해하는 건 어렵지 않다. 거기에 1949년 8월 29일 소련이 카자흐스탄의 한 사막에서 핵실험에 성공하고, 10월 1일에는 자유 진영의 주요 파트너였던 중국마저 공산화되면서 미국에서는 공산주의에 대한 공포가 걷잡을 수 없이 커져 나갔다. 만일 핵을 보유한 소련과 무력 충돌이 빚어진다면 제2차 세계대전과는 비교할 수도 없는 재앙이 닥칠 거라는 두려움은 매카시즘이라는 광기로 표출되었다. 그리고 그 광기는 사람을 달나라로 보내는 과학적 사고와 세상을 합리적으로 바라보는 사회적 이성이 결코 정비례하는 것만은 아님을 우리에게 보여주었다.

이런 시기일수록 지도자의 냉정한 자제력과 거기에서 오는 정확한 상황판단은 대단히 중요하다. 다행히 존 F. 케네디는 이걸 갖춘 지도자였던 걸로 보인다. 물론 그 역시 피그만 침공 사건처럼 군사적 방법으로 화끈하게 문제를 해결하려다가 일을 그르친 적이 있었다. 하지만 케네디는 실패에서 얻은 교훈을 잊지 않았다. 덕분에 제3차 세계대전 혹은 지구의 종말이 될 뻔했던 쿠바 미사일 위기는 아무 문제 없이 매듭지어질 수 있었다. 김영삼 의원이 워싱턴 D.C에서 봤던, 케네디를 향한 미국인들의 애정은 그런 사실에서 우러났을 것이다.

물론 쿠바 미사일 위기가 지혜롭게 해결되었다고 미국 정가에서 냉전 이데올로기가 소거된 건 아니었다. 특히 인도차이나반도에서 벌어지고 있는 전쟁은 미국의 가장 큰 골칫거리였다. 자유 진영의 남베트남 정부는 너무도 부패한 까닭에 국민의 신망을 잃었던 반면, 북쪽의 호찌민은 국민적 영웅으로 추앙받고 있었다. 남베트남의 공산주의자들, 우리가 베트콩이라고 부르는 남베트남 민족해방전선 또한 나날이 그 세력을 확장해갔다. 이미 한국전쟁을 경험한 미국은 남베트남이 공산권으로 넘어갈 경우 나머지 나라들도 줄줄이 공산화될 수 있다고 걱정했다. 이미 인도차이나반도에서 쓴맛을 본 드골의 경고도, 베트남에 개입함으로써 더 중요한 지역을 놓칠 수도 있다는 케넌의 충고도 소용없었다. 자유 진영이 도미노처럼 무너지는 걸 막기 위해, 미국은 남베트남에 직접 개입하기로 결심한다. 그리고 이는 린든 존슨 대에 접어들며 본격화된다.

짧게는 1964년 8월 통킹만 사건부터 1975년 4월 북베트남군 탱크가 사이공의 대통령궁 철문을 부수고 진입할 때까지, 11년간 베트남 전쟁을 수행한 미국이 마주한 건 자유민주주의의 승리가 아니었다. 그들이 맞닥뜨린 것은 장기전을 치르며 희생된 수많은 청년의 이름과 텅 빈 금고뿐이었다. 어마어마한 반전 물결이 전 세계를 휩쓸었다. 김영삼이 만난 '런던의 비틀스'들이 평화를 위한 행진의 선봉에 섰을 것임은 두말할 필요도 없다. 결국 베트남은 공산화되었다. 하지만 존슨이 우려했던 도미노 이론은 실현되지 않았다. 대신 과도한 전비 지출로 재정위기에 직면했던 미국이 금 태환 정지를 선언하면서 브레턴우즈 체제가 막을 내렸다. 미국 주도의 국제질서는 무너지기 시작했고 데탕트 시대가 열렸다. 그리고 10여 년 뒤 소련이 붕괴되면서 마침내 냉전이 종식되었다.

냉전은 이미 1960년대부터 변화의 조짐을 보이고 있었다. 본문에 언급된 프랑스의 중국 승인이나 흐루쇼프의 서방 정책은 그중에서도 상징적인 사건으로 꼽힐 것이다. 이 사건들은 국제관계를 형성하는 축이 이데올로기에서 실리로 전환되고 있었음을 시사한다. 그러나 표면적인 사건들만 놓고 보았을 때 이런 변화를 인정한다는 건 쉬운 일이 아니었다. 어찌 되었든 쿠바 미사일 위기나 베트남 전쟁 같은 사건들이 거듭되며 냉전이 임계점을 넘을 듯 말 듯 하고 있었기 때문이다. 미국 대통령마저 자유 진영의 연쇄적 붕괴를 우려해 베트남 개입이라는 무리수를 둘 정도였으니 인간의 이성을 사로잡는 이데올로기의 위력은 설명할 필요도 없다.

그런 점에서 35세 청년 김영삼은 깨어있는 인물이었다. 그는 이미 1964년에 '이념보다 경제력'이 체제경쟁을 좌우할 거라고 내다보았다. 그는 도시를 반으로 가른 경계 위 전망대에서 동베를린과 서베를린을 내려다보며 "동서독의 승부는 끝났다."고 확신했다. 언제 어떤 방식으로 통일을 하더라도 이길 수 있다는 서독 사람들의 자신감, 그 자신감의 원천이 월등한 경제력에 있음을 놓치지 않았다. 대한민국은 이제 막 독재의 긴 터널로 진입하던 시기에, 용공 조작 사건을 비롯한 각종 이데올로기 논쟁이 확산하던 시기에 "백 마디 통일을 부르짖는 것보다, 수출을 1달러라도 더 늘리고 외자를 1달러라도 더 유치하는 게 시급하다."고 할 수 있었던 건 그가 열린 눈으로 세상을 바라보았던 덕분이다.

시대의 흐름을 읽는 김영삼의 뛰어난 안목과 통찰력은 한일관계를 다루는 대목에서도 잘 드러난다. 1962년 11월, 우리나라의 김종필 중앙정보부장과 일본의 오히라 마사요시 외무장관은 두 차례 단독회담을 열었다. 국교 정상화를 위한 한일회담 중 청구권 액수와 명목을 둘러싼 교착 상태가 계속되자 이를 해결하기 위해서였다. 이 자리에서 이들은 총 6억 달러(무상 3억, 유상 2억, 민간 1억)의 청구권에 합의한 메모를 작성했다. 문제는 이 메모에서 청구권 액수만 언급하고 한일 국교 정상화의 핵심 문제였던 '명목'은 명시하지 않았다는 점이다. 당시 일본은 이 청구권의 명목이 독립축하금 또는 경제자립금이라고 주장했다. 이는 곧 국내에서 굴욕 외교라는 비판에 직면할 수밖에 없었고 급기야 1964년 6·3항쟁의 단초가 되었다. 지금까지도 한일관계의 발목을 잡고 있는 문제이기도 하다.

김영삼은 일본이 "침략 행위로 한국이 입은 피해를 보상해 주려는 성의를 보이는 게 마땅하지만, 김종필과 오히라가 메모로 합의를 봤다며 그 적은 돈으로 버티면서 참을 수 없는 오만한 자세를 취하고 있다."며 "일본은 자신들에게 한국이 얼마나 중요한 존재인가를 깊이 인식해야 한다."고 주장했다. 그는 동아시아에서, 더 나아가 자유 진영과 공산 진영이 대립하고 있는 세계에서 한국의 위치를 정확히 인지하고 있었다. 아시아에서 미국의 봉쇄정책을 이끄는 나라는 일본이었지만 그 일본 앞에 서 있는 나라는 한국이었다. 한국이 무너지면 일본의 안보도 위태로워지고, 일본이 흔들리면 태평양의 안위도 장담할 수 없다. 더욱이 일본의 경제 부흥 이면에는 한국의 커다란 희생이 있었음을 생각하면, 우리는 충분히 일본을 향해 어떠한 권리를 요구할 수 있었을 것이다.

국제사회는 늘 이상을 말하지만, 현실은 돈과 힘이 지배하는 야만적인 정글이다. 비인간적인 법칙들이 지배하는 세계에서 단지 규범적 잣대로만 책임을 요구하는 건 무책임하다. 가해국은 피해국에게, 강대국은 약소국에게 응당 호혜를 베풀어야 한다는 말은 태평성대에 인사말로나 나눌 이야기다. 당장 2022년 2월 우크라이나를 침공한 러시아에 소극적으로 대응하는 EU 국가들만 보더라도 그와 같은 당위는 얼마나 무력한지 알 수 있다. 인근 국가들에겐 우크라이나의 평화와 자유보다 전쟁이 촉발하는 에너지값 급등과 그에 따른 자국민들의 부담이 더 중요한 문제가 된 지 오래다. 이처럼 순진한 시선으로만 세상을 바라보지 않았고, 동시에 원칙을 놓지도 않았다는 점에서 김영삼은 책임감 있는 정치인이었다고 생각한다.

인류는 소련의 붕괴와 중국의 WTO 가입으로 21세기를 열었다. 둘로 나뉘었던 세계는 하나가 되었고, 지구 곳곳에서는 분업과 협업이 활발하게 진행되었다. 물론 그로 인해 경제위기나 전염병마저 함께 공유하기도 했지만, 그런 부작용은 세계화가 가져다주는 혜택에 비할 바가 못 되었다. 어디로든 나아갈 수 있고, 언제든 값싼 물건을 살 수 있었던 달콤한 시대였기 때문이다.

그랬던 세계가 다시 둘로 나뉘고 있다. 미국과 중국, EU와 러시아의 패권 경쟁은 날이 갈수록 격화되고 있으며 강대국들은 실망한 중산층을 달래기 위해 역외 생산기지를 자국으로 되돌리고 있다. 하지만 국제관계를 바라보는 우리의 시선은 여전히 정치적 틀을 벗어나지 못하고 있다. 우리나라 외교는 대개 진영과 이념의 강요를 받는다. 한미동맹이나 북한 문제가 대표적이다. 친미냐 종북이냐 하는 등의 논쟁이 여전히 우리 정치를 지배하고 있는 건 안타까운 현실이다. 그러나 2010년대 사드 사태에서 봤듯이, 이 문제들이 우리 일상에 끼치는 영향은 매우 크다.

    우둔한 리더는 진영에 갇혀 현실을 제대로 직시하지 못한다. 이럴수록 세계정세를 냉정하고 객관적인 자세로 바라봐야 한다. 그 중심에는 단연 대한민국이 있어야 한다. 1964년 "우리가 기댈 언덕은 없다."던 청년 정치인 김영삼의 메시지는 반세기도 더 지난 오늘날에도 여전히 유효하다. 비록 그 시절에 비해 1인당 GDP는 300배가 넘게 성장하고 이제 한국의 문화 콘텐츠가 세계를 주름잡게 되었다고 한들, 우리에게 주어진 숙명은 바뀌지 않았기 때문이다.


◆ 갈등과 화합

1969년 11월 8일, 김영삼 의원은 예고도 없이 1971년에 열릴 제7대 대통령 선거 후보 지명전에 출사표를 던졌다. 박정희 대통령이 3선 집권을 노리고 있는 상황에서 야당에 마땅한 대항마가 없다고 판단해 띄운 승부수였다. 하지만 당시 그의 나이는 겨우 마흔, 아니나 다를까 당의 원로와 중진들은 장유유서나 서열을 들먹이며 그를 비난했다. 특히 차기 대선에 눈독을 들이고 있던 유진산 총재가 "구상유취"라며 대놓고 불쾌한 심기를 드러냈다.

그러나 김영삼이 띄운 '40대 기수론'은 사그라들기는커녕 점점 더 열기를 더했다. 거기에 같은 당내 40대 정치인인 김대중(46세), 이철승(48세)이 가세하면서 바람은 태풍이 되었다. 국민적 열망이 워낙 거셌기 때문에 유진산 총재는 출마를 포기하는 수밖에 없었다. 결국 신민당 대통령 후보 경선은 김영삼, 김대중, 이철승 이렇게 세 명의 젊은 정치인들로 치러지게 되었다.

40대 기수론을 처음 주창한 김영삼 의원은 승리를 확신했다. 더군다나 그는 경선 전날 유진산 총재로부터 대통령 후보 추천을 받은 바 있었다. 하지만 결과는 김대중 의원의 승리. 1차 투표에서 김영삼이 1위를 차지하긴 했지만 과반을 넘지 못한 까닭에 2차 투표가 실시되었는데, 이때 김대중이 이철승의 표를 모두 흡수함으로써 역전승을 이뤄낸 것이다. 당시 김대중이 이철승을 찾아가 "대통령 후보로 선출될 경우 11월 전당대회에서 당대표로 이철승을 지지하겠다."고 명함 뒷면에 서약한 '명함 각서' 일화는 유명하다.

'40대 기수론'을 처음 주창한 김영삼 의원으로서는 억장이 무너질 일이었다. 자신이 준비한 무대 위에 오른 건 다른 이도 아닌 평생의 라이벌 김대중이었다. 하지만 그는 슬픔을 억누르고 마이크를 잡았다. "김대중 씨의 승리는 우리 모두의 승리이며 나의 승리입니다." 그렇게 전국을 돌며 낮에는 목이 쉬도록 김대중 후보에 대한 지지를 호소했고, 밤에는 호텔 방에서 눈물을 흘렸다. 그는 몇 년 전 미국 공화당 전당대회에서 지켜본 '페어플레이' 정신을 잊지 않았다. 치열한 전당대회가 끝난 뒤, 패배자 스크랜튼은 깨끗한 후퇴를 선언하며 골드워터에 대한 지지를 호소했다. 마찬가지로 골드워터 역시 대통령 선거에서 패색이 짙어지자 이를 깔끔

하게 인정하고 존슨에게 축전을 보냈다. 김영삼은 "아무리 치열한 경쟁을 치르더라도 일단 승패가 판가름 나면 반드시 결과를 따라야 한다는 자세가 투철"한 미국의 정치인들을 보면서 "이런 페어플레이 정신만큼은 확실히 배워야겠다."고 말했다. 그리고 자신도 그 약속을 지켰다. 이유는 간단하다. 상대에 대한 존중은 곧 민주주의를 지탱하는 기둥이라고 여겼기 때문이다.

정치인 김영삼으로부터 연상되는 긍정적 이미지 중 가장 대표적인 걸 꼽으라면 단연 민주주의일 것이다. 그는 독재의 길을 간 이승만 대통령의 3선 개헌에 반발하여 앞장선 이래 평생을 민주화에 헌신했다. 집권 뒤에는 하나회를 척결함으로써 대한민국의 민주주의를 되돌릴 수 없는 불가역적 위치에 올려놓았다.

하지만 우리가 그로부터 민주주의를 떠올릴 수 있는 건 비단 오랜 세월 민주화운동에 헌신했기 때문만이 아니다. 민주주의란 단지 '독재에 항거하고 자유를 쟁취하기 위한 투쟁'에 그치지 않는다. 제도를 준수하고, 그 제도를 구성하는 원리원칙을 따르는 것 또한 민주주의다. 김영삼은 현대 민주주의를 구성하는 기본 원리 중 하나인 대의제의 원칙을 늘 마음에 담고 살았다. 그리고 그 밑바탕엔 상대방에 대한 존중이 있었다. 갈등을 빚을지언정 배척하지 않았다. 비록 권위주의 시대의 '보스정치'를 청산하지 못했다는 비판은 있지만, 3김 시대의 정치가 낭만으로 회자될 수도 있는 건 그런 이유에서일 것이다.

민주주의의 '심벌' 워싱턴 D.C.를 바라보는 청년 정치인 김영삼의 시선에서 우리는 의회주의자로서 김영삼의 면모를 볼 수 있다. 그가 미국 의회를 향한 존경과 권위를 선망한 건 돈이나 권력을 탐해서가 아니다.

그것이 곧 국가의 번영과 국민의 행복을 위한 전제 조건이라고 보았기 때문이다. 같은 맥락에서 그는 군사 쿠데타나 국회 무용론에도 비판적이었다. 권력자의 독선과 만인의 회의, 이 둘은 결국 같은 결론으로 수렴된다는 걸 서른다섯의 김영삼은 직관적으로 알고 있었다.

흔히 정치를 사회적 자원의 권위적 배분이라고 정의한다. 이 말은 곧 주어진 예산과 기회를 어디에, 어떻게 쓸지 결정하는 게 정치라는 의미이기도 하다. 독재 정권은 모든 정치·사회적 자원이 한 사람에 집중된 까닭에 의사결정 과정에서 갈등과 같은 불필요한 비용이 발생하지 않는다. 그래서 그 권력을 효율적으로 사용한다면 득이 될 것 같은 느낌도 든다. 하지만 대개 많은 나라에서 독재는 권력자와 측근의 부패로 점철된다. 그것은 불완전한 존재인 인간의 한계이기도 하다. 현대 선진국 대부분이 민주주의 제도를 채택하고 있는 건, 권력자 개인의 독단적인 판단보다 다수 시민의 상식이 더 나은 결정을 내릴 가능성이 '확률적으로' 높다는 경험에서 나온 합리적 선택이다.

다만 민주주의 사회에서는 개개인의 가치와 욕망이 다 같이 존중받는 까닭에 갈등을 피할 수 없다. 우리는 그 갈등이 일으키는 혼란, 그리고 거기에서 오는 피로감 때문에 종종 효율성만 추구하려 할 때가 있다. 경제가 어려울 땐 특히 더 그런 목소리가 힘을 얻는다. 전체주의와 독재는 그런 곳에서 고개를 든다. 갈등이 없는 사회, 그건 곧 전체주의의 다른 이름이다.

세상사에는 다양한 스펙트럼이 존재한다는 걸 우리는 인정해야 한다. 물론 그 모든 생각과 입장을 이해한다는 건 어려운 일이다. 품이 많이 들고, 상당한 인내가 필요하다. 하지만 이게 귀찮다고 손쉬운 선악 이분법을 택할 때, 다양성은 실종되고 독선이라는 씨앗은 움튼다. 오늘날 우리 정치가 이토록 양극화된 것도 결국은 쉬운 방법만 추구하는 무책임한 정치인들의 나태에 있는 셈이다.

비록 산업화와 민주화가 이룩되었다는 점에서 차이가 있지만, 1964년의 청년 정치인 김영삼이 바라본 한국 정치는 지금과 크게 다르지 않았다. 분열과 파쟁, '평행선의 대립'은 마치 오늘날의 대한민국 국회를 묘사한 것처럼 생생하다. 그렇다면 해법도 비슷할 것이다. "민주주의 사회에서 갈등은 불가피하지만, 그 대립에도 한계선이 있어야 한다."는 사실을 잊지 말아야 한다. 그리고 "큰 원칙을 존중하고 그 아래에서 작은 대립과 타협을 할 줄 아는 이성과 양식이 지배하는 사회"를 만들기 위해 노력해야 한다. 이 모든 것의 바탕엔 상대방에 대한 존중이 있어야 한다는 사실과 함께.

○ **대통령, 준비된 정치인**

김영삼 대통령은 취임 이틀만인 1993년 2월 27일, 첫 국무회의에서 대뜸 자신과 가족의 재산을 공개했다. 문민정부의 대표 제도개혁 중 하나인 공직자 재산공개가 첫발을 뗀 순간이었다. 대통령이 앞장서서 재산을 공개해버리니 국무총리와 감사원장, 장·차관들도 어쩔 도리가 없었다. 고위공직자들이 줄줄이 재산을 공개했고 그 과정에서 측근들이 부정 축재 의혹으로 옷을 벗기도 했다. "토사구팽"이라는 불만 제기되기도 했지만, 개혁의 고삐는 풀리지 않았다. 정부와 여당은 3개월 뒤 공직자윤리법 개정안을 통과시켜 4급 이상 공직자의 재산등록과 1급 이상 공직자의 재산공개를 의무화했다. 이른바 '윗물맑기운동'에 대한 국민적 성원은 뜨거웠다.

그러나 어떤 이들은 김영삼 대통령의 공직자 재산공개를 '깜짝쇼'라고 비판하기도 했다. 그들은 대통령이 비단 공직자 재산공개뿐 아니라 많은 개혁 정책들을 즉흥적으로 추진한다고 보았다. 실제로 하나회 숙청이나 금융실명제 같은 굵직한 개혁의 전개도 공직자 재산공개와 크게 다르지 않았다. '최고 통치권자의 밀명을 받고 소수의 관료가 남몰래 준비한 깜짝 이벤트'. 문민정부식 개혁에 대한 부정적 의견은 대체로 이런 것들이다.

하지만 문민정부의 개혁이 결코 즉흥적이고 설익은 것이었다고 보기는 어렵다. 그게 정책의 목적을 달성하는 데 가장 효과적인 방법이기에 그렇게 추진되었을 뿐이다. 김영삼은 오랜 세월 정치에 몸담으며 얻은 교훈을 바탕으로 문민정부를 구상해 왔고, 집권 후 이를 강력하게 실행했다. 1964년 출간된 『우리가 기댈 언덕은 없다』는 그 주장의 진의를 증명하는 증거다.

그가 처음 공직자 재산공개에 대한 아이디어를 얻은 건 1964년이다. 본문에서 언급되었듯 당시 미국 대통령 선거에서 공화당 후보 골드워터가 민주당 존슨 대통령의 재산을 집요하게 물고 늘어졌다. 존슨은 자칫 부정 축재자로 몰릴 수도 있는 상황이었다. 그는 이 난국을 타개하기 위해 미국 역사상 처음으로 현직 대통령으로서 자기 재산을 공개했다. 그리고 선거에서 승리했다. 30대의 김영삼은 그 장면을 허투루 보지 않았다. 어느 나라든 깨끗한 공직사회에 대한 국민적 열망이 있음을 확인했다. 그리고 이때 얻은 인사이트는 30년이 지나 집권한 뒤에 실행되었다.

당시의 미국 순방은 그의 목숨을 살리기도 했는데, 바로 1969년 6월 20일 벌어진 초산 테러 사건에서다. 국회에서 박정희 대통령의 3선 개헌 시도를 비판하고 며칠 뒤, 차를 타고 퇴근 중이던 그는 집 앞 골목길 어귀에서 두 사내가 싸우고 있는 장면을 목격한다. 재미있는 건 덩치 큰 사내가 일방적으로 밀리고 있었다는 점이다. "별 이상한 싸움도 다 있네.". 그가 수행비서에게 이렇게 말한 순간, 오른쪽에서 덜컥덜컥하는 소리가 났다. 누군가 차 문을 열려고 시도하는 모습이 눈에 들어왔다. "빨리 차 몰아!". 수행비서가 다급하게 가속 페달을 밟았다. 그때 뒤에서 '펑'하는 소리가 났다. 공업용 초산이 든 병이 터지면서 난 소리였다. 차체는 일부가 녹아내렸고 현장의 콘크리트에는 구멍이 뚫렸다. 차 문을 잠그지 않았더라면 분명 그 초산을 뒤집어썼을 것이다. 언젠가 그날의 사건을 두고 김영삼은 "미국에서 정치인들이 차 문을 잠그고 다니는 모습을 보고 나도 그렇게 해야겠다고 생각했다."라고 말했다. 견문이, 혹은 이를 수용하는 자세가 그를 살린 셈이다.

김영삼의 수십 년 정치 경험은 문민정부의 많은 부분에 녹아들어 있다. 그는 1951년 당시 대학생 신분으로 장택상 국무총리의 비서가 된 이래 아홉 번의 국회의원과 한 번의 대통령을 지내며 반세기 가까운 세월 동안 정치에 몸담았다. 4·19 혁명과 5·16 군사 정변, 유신, 그리고 5·18 민주화운동과 6월 항쟁까지 대한민국의 현대사를 함께한 장본인이기도 했다. 그는 그 격정의 순간을 거치는 동안 많은 동지를 얻었고 이들은 훗날 한국 정치를 이끄는 주역이 되었다. 경험과 네트워크의 축적은 한국 사회를 안정적으로 이끄는 기반이었다. 이 부분에서 우리는 정치를 한다는 게 암묵적으로 그림자 내각(shadow cabinet)을 꾸리는 것과 같은 것임을 알 수 있다. 제아무리 특출한 지도자도 혼자서 국가를 이끌 수는 없기 때문이다.

그러나 2010년대 들어 양당 정치에 대한 염증이 커지고, 동시에 군소 정당들은 국민 정서에 부합하지 못하면서 정치권 밖에서 활동하던 '참신한 인물'들이 주목받기 시작했다. 벤처사업가, 교수, 관료 등 기성 정치와는 거리가 멀었던 이들이 언론의 조명을 받으며 단숨에 대권주자로 급부상하기도 했다. 하지만 이들은 정치적 기반이 없는 까닭에 기존 주류에 포섭되지 못한 이들과 손을 잡을 수밖에 없었다. 그들의 수준이 변변치 못할 거라는 건 쉽게 짐작할 수 있다. 결과적으로 준비되지 못한 인물들이 행정부와 입법부 등지로 진출하게 되었다. 그 과정에서 예기치 못한 국정 혼란이 빚어지기도 했다.

반짝스타들의 부상은 미국도 다르지 않다. 2016년 대선, 공화당에서 경선이 시작될 때만 해도 도널드 트럼프가 대통령이 될 거라 예견한 사람은 많지 않았다. 그저 성공한 사업가이자 말발 좋은 '어그로꾼'으로 여겨졌을 뿐이다. 하지만 그는 러스트 벨트의 쇠락한 산업과 블루칼라 노동자들의 실업, 그리고 그 표적으로 삼기에 좋은 이민 문제를 건드리며 체급을 키워나갔다. 적잖은 미국인들이 여기에 열광했다. 공화당은 트럼프의 부상에 당황했다. 그러나 이미 국민에게 신망을 잃은 기성 정당들은 그에게 무릎을 꿇어야만 했다.

트럼프의 승리는 국민의 원초적 요구를 수용한 새로운 정치의 승리인가? 물론 그의 전략은 적중했다. 당내 기반이 없었음에도 경선과 대선에서 모두 승리를 거머쥐었다. 하지만 트럼프는 동시에 오랜 기간 국민에게 검증되고 인정받은 인물이 국가의 지도자가 되어야 하는 이유를 몸

소 보여주었다. 2020년 재선에 실패한 그는 선거에 불복했고, 그의 지지자들은 총을 들고 의회에 난입하여 민주주의를 유린했다. 선거가 100미터 달리기라면 정치는 마라톤이다. 언젠가는 그 진가가 드러날 수밖에 없는 것이다.

사실 준비된 정치인이라는 말이 정치권의 흔한 레퍼토리로 전락한 건 부정할 수 없다. 대통령 선거마다 많은 후보가 '준비된' 자신을 내세운다. 그러나 정치인은 단지 국회의원 한두 번 해봤다고, 선거에 몇 번 출마해봤다고 준비되는 게 아니다. 오랜 세월 정치를 하며 쌓아 올린 철학과 구상이 뒷받침되어야 한다. 준비되지 않은 권력은 여론에 휘둘리며 가벼운 이슈에 천착하거나 자기 진영의 안락함에 안주할 뿐이다. 요즘 정치에서 거대 담론이 사라지고 말초신경을 자극하는 정쟁만 남은 건 그런 이유에서일 것이다.

우리나라도 언젠가부터 신선하고 새로운 인물을 갈망하는 요구가 더욱 커지면서 청년 정치인 양성이 화두로 떠오르기도 했다. 새로운 시대적 요구를 온전히 담아내지 못하는 낡은 보수·진보에 대한 반감이 그런 현상을 만들었다. 그런데 여기에 대응하는 정당의 해법은 여전히 과거의 구태를 벗어나지 못하고 있다. 내부적으로 인재를 양성하고 배출하기보다 참신해 보이는 외부 인사를 영입하는 이미지 정치에 머물러 있기 때문이다. 그렇게 국회에 진출한 초선들이 시대적 과제를 고민하기보다 강성 지지층의 목소리를 대변하고 자극적인 발언을 일삼는 게 오늘의 현실이다. 이런 토양에서라면 김영삼 같은 인물은 나오지도 않을뿐더러 나오더라도 별다른 주목을 받을 수 없다.

대한민국의 산업화와 민주화를 이끈 호걸들은 시대가 낳은 거인이었다. 난세에는 숱한 영웅들이 등장하게 마련이다. 하지만 이제는 시대가 바뀌었다. 대한민국은 선진국으로 올라섰고, 정치·경제적 역동성은 줄어들었다. 이제 걸출한 인물이 튀어나와 나라를 이끄는 시절은 끝났음을 우리는 인정해야 한다. 앞으로는 시스템을 잘 갖추기 위해 노력해야 한다. 준비된 정치인은 준비된 시스템에서 나온다. 그 시스템을 마련하는 일이야말로 내일을 준비하는 우리 앞에 놓인 과제일 것이다. "내일이면 늦는다.".

2023년 1월
편저자 이동수